好书精读 Master 15'

商业新闻出版公司和轻松读文化事业有限公司提供内容支持

U0797866

动量方程式

破解企业数字竞争力

轻松读大师项目部　编

中国盲文出版社

图书在版编目（CIP）数据

动量方程式：破解企业数字竞争力：大字版 / 轻松读大师项目部编. —北京：中国盲文出版社，2018.1

ISBN 978－7－5002－7845－0

Ⅰ.①动… Ⅱ.①轻… Ⅲ.①数字技术—应用—企业竞争—竞争力—研究 Ⅳ.①F271.3－39

中国版本图书馆 CIP 数据核字（2017）第 084544 号

本书由轻松读文化事业有限公司授权出版

动量方程式：破解企业数字竞争力

编　　者：轻松读大师项目部
出版发行：中国盲文出版社
社　　址：北京市西城区太平街甲 6 号
邮政编码：100050
印　　刷：北京新华印刷有限公司
经　　销：新华书店
开　　本：787×1092　1/16
字　　数：78 千字
印　　张：12
版　　次：2018 年 1 月第 1 版　2018 年 1 月第 1 次印刷
书　　号：ISBN 978－7－5002－7845－0/F·148
定　　价：40.00 元
销售热线：（010）83190289　83190292　83190297

出版前言

数字文明为我们求知问道、拓展格局带来空前便利，同时也使我们深受信息过剩、知识爆炸的困扰。面对海量信息，闭目塞听、望洋兴叹固非良策，不分主次、照单全收更无可能。时代快速变化，竞争不断升级，要想克服本领恐慌，防止无知而盲、少知而迷，需尽可能将主流社会的最新智力成果内化于心、外化于行，如此才能更好地顺应时代，提高成功概率。为使读者精准快速地把握分散在万千书卷中的新理念、新策略、新创意、新方法，我们组织编写了这套《好书精读丛书》。

这套书旨在帮助读者提高阅读质量和效率。我们依托海内外相关知识服务机构十多年的持续积累，博观约取，从经济管理、创业创新、投资理财、营销创意、人际沟通、名企分析等方面选取数百种与时俱进又经世致用的好书分类整合，凝练出版。它们或传播现代经管新知，或讲授实用营销技巧，或聚焦创新创业，或分析成功者要素组合，真知云集，灼见荟萃。期待这些凝聚着当代经济社会管理创新创意亮点的好书，能为提升您的学识见解和能力建设提供优质有效便捷的阅读资源。

聚焦对最新知识的深度加工和闪光点提炼是这套书的突出特点。每本书集中解读4种主题相关的代表性好书，以“要点整理”“5分钟摘要”“主题看板”“关键词解读”“轻松读大师”等栏目精炼呈现各书核心观点，崇真尚实，化繁为简，您可利用各种碎片化时间在赏心悦目中取其精髓。常读常新，明辨笃行，您一定会悟得更深更透，做得更好更快。

好书不厌百回读，熟读深思子自知。作为精准知识服务的一次尝试，我们期待能帮您开启高效率的阅读。让我们一起成长和超越！

目 录

如今企业要想保持长期的发展优势，必须在"目前业务"与"为未来成功铺路"之间找出最适当的平衡点，并有效地计划未来。"独漏管理7步法"为企业经理人提供了独门绝技，通过战略规划来经营"未来"公司，有助于引领企业突破经营瓶颈，从而赢得竞争的独尊地位。

现在全球化已成为势不可挡的发展趋势。面对全球化，并没有所谓的标准答案，每家企业必须从众多可行的方法中找出最适合自己企业发展的方法。文中总结了应对全球化的4项通则，为企业未来发展提供了指引。面对全球化，企业自身的能力及运用能力的方法才是让企业向前迈进的真正力量。

未来在哪里？未来我们可能出现取代活生生动物的机器宠物、蚂蚁般大小的微型机器人、DNA 电脑处理器……这些都依赖于科技的发展和创新。科技在哪里，机会、生活、教育就往哪里。文中作者发现未来科技发展有 5 大可能方向，抓准这 5 大方向的个人或企业就等于抓住了未来的最大利益。

在数字商品市场，消费者的购买决策是依据企业可持续提供产品或服务的能力，消费者会毫不犹豫地从那些最可能主导市场的公司手中购买产品或服务，也就是那些市场“动量”够强的公司。任何企业若能将“动量”发挥到极致，不仅可以为自身带来巨额利润，甚至还可能主宰整个产业。

“独漏”企业

被忽略的愿景

The Neglected Firm

Every Manager Must Manage Two Firms:
The Present One and the Future One

原著作者简介

若热·瓦斯康塞洛斯—萨（Jorge Vasconcellos e Sá），现执教于葡萄牙里斯本技术大学。1997 年荣获欧洲最高荣誉学术奖——“让·莫内讲座教授”。瓦斯康塞洛斯毕业于美国克莱蒙研究所及哥伦比亚大学，曾出版 9 本与经济、管理相关书籍，著有大量学术论文。他同时担任壳牌石油、优利系统、IBM、英国石油及埃森哲咨询公司等公司顾问，协助发展经营规划工作。

本文编译：刘启昌

主要内容

5分钟摘要

计划"未来"公司

现今对企业经营管理最大的挑战是，必须在"目前业务"与"为未来成功铺路"之间找出最适当的平衡点，这对渴望长期保有优势的企业来说是极为重要的。经理人必须运用各种方法保证经营既能满足现有客户的"现在"公司，又能迎合未来客户需求的"未来"公司。

今日多数经理人似乎都被各项日常业务缠身，而忽略有效地计划未来。换句话说，经理人宁愿专注于眼前的各个项目，却忽视为未来做准备的战略研发部门。专注眼前或许能赢得华尔街的赞赏，但与已为未来做适当准备的企业相比，此举可能会让公司丧失竞争力。

企业经理人应该要更关注战略规划。通过战略规划经营"未来"公司，且要与经营"现在"

公司一样积极，不能迫于当前的即时需求，而抹杀未来成功的可能性。企业忽视规划或未能给战略规划部门提供充分资源，是不聪明且短视的做法。而以战略规划来整合公司当前所有业务才是绝佳办法。

一 “未来”公司的概念

如果把商业机构的既有事业称为“现在”公司，那么战略规划部门就像“未来”公司。战略规划部门必须专注在公司未来的成功，但却往往因各种日常业务的压力和需求而被迫隐居幕后，受到忽略。但此时也为经理人提供了绝佳机会。执行完善的战略规划，可确保公司在未来拥有持续竞争的优势。

在这里要更进一步解释“并存”公司的概念：“现在”公司至少要有 7 个功能性部门或业务单位，而“未来”公司只有 1 个部门。

“现在”公司	“未来”公司
■ 人力资源	■ 战略规划
■ 财务	
■ 营销	
■ 制造	
■ 会计	
■ 信息系统	
■ 行政	

“现在”公司要专注地做对下列正确的事：

◎开发顾客想要的各种产品与服务。

◎满足顾客各种需要，以传递企业价值。

◎在正确的目标市场中迎合顾客。

◎在既定的区域计划中运作。

一旦“现在”公司的功能性部门全心投入到执行日常业务，就没空去规划未来所需要的不同业务，这也是“未来”公司必须拥有战略规划部门的原因。设立战略规划部门，可以实质性地协助高级经理人思考各种在未来有用的新途径。

所以，“未来”公司的注意力是在规划而非执行。准确地说，这个“未来”公司有6项主要功能：

（1）参与规划会议——直线经理与资深经理人共同评估目前的各种策略。

（2）组织规划会议——与高级管理层协商，谁该出席、该多久开一次会及会议地点等。

（3）提供规划会议所需信息——提供议程、相关研究文件及其他有利于决策的各种信息。

（4）管理信息搜集系统——管理决策所需的信息，使其集中化、结构化与易于检索。

（5）整合所有个别部门计划——将其整合成有系统、简单明了及方便查阅的公司计划。

（6）研究替代方案——想出可消除瓶颈或强化部门效益的方法，以提高“现在”公司中各部门的工作效率。

总而言之，“未来”公司的责任是确保企业的变革能应对市场的持续变迁，实际执行变革的则是“现在”公司，但战略规划部门要协助经理人来决定未来应该做哪些事。

“未来”公司要注意的是：

◎可由企业自理或外包来执行战略规划部门的工作。

◎建立一套能将各种计划付诸实践的系统，这与规划本身同等重要，甚至更为重要。

◎即使已有战略规划部门，它也无法“自动”察觉每个可能出现的新机会。因此，建立“未来”公司的关键优势在于，它能够提供一套有逻辑、有系统的方法，能依据现有优势来评估各种商机。不要把“未来”公司视为筛选未来所有可能机会的工具。

关键思维

经营“未来”公司是要管理公司的时间轴，经营“现在”公司则是要将现状最佳化。为了公司的存亡，二者皆属必要，缺一则不足以成事。

——若热·瓦斯康塞洛斯—萨

企业的竞争力要依靠适当的近期管理（“现

在”公司）与未来的品质提升（经营“未来”公司）。企业的生存需要同时兼备“管理者”与“创业家”的技能，前者是要经营“现在”公司；后者是为创造“未来”。因此企业CEO必须既是经理人，也是创业家。统筹急迫的事（日常业务）与重要的事（公司的未来）永远是管理阶层的难题。为处理紧急的事，董事长可设置所需要的功能性部门，但是谁来处理公司重要的事务、面对公司的未来？这又该如何做？

——若热·瓦斯康塞洛斯—萨

无知有两种，“无意识的”与“有意识的”。无意识的是最糟糕的，因为你不知道自己哪里无知，而对于后者，至少你还知道这一点。在规划上，无意识的最多，有意识的也不少，有完备知识者乃是极少数。因此，投资在规划上既是风险，同时也造就绝佳机会！之所以称为机会，首先是因为在现阶段，擅长规划管理领域的人比胜任其他领域（营销、财务等）且知识广博的人更容易取得竞争优势。再者，因为每位经理人都必须经营两家公司（“现在”与“未来”），为获得现有竞争优势，就必须好好经营7大部门。但要取得未来竞争优势，仅有规划部门就足够成事。

——若热·瓦斯康塞洛斯—萨

如果你不知道该驶向哪个港口，那么就没有顺风这回事。

——塞内加，罗马哲学家

二　如何经营“未来”公司

上述按部就班的方式说明战略规划部门应如何运作与经营。这套程序的整体目标在于，确保“未来”公司能替企业获得最大利益。如果这套程序再与“现在”公司的经营管理者结合，将使企业成功地开拓所有利于近期与未来的商机。

1. 定义——现行企业战略

能清楚陈述企业现有战略是战略规划进程的开端，因为这与发展清晰的现有市场定位、既有客户群及市场细分有关。除非有明确且必须改变的事实，否则强化目前的战略应该就是未来战略所应追求的。因此，了解企业创业者的现行商业战略是第一步。

在某些情况下，会有以下3种不同的战略实际存在于企业内：

◎现行商业战略。

◎未来商业战略提案。

◎公司经理人认知的现有战略。

整合上述3种战略需要的是事实，而非猜测或影射。一般来说，公司的各类发票、档案是了解目前实际经营成果的最佳资料来源。所以，规划部门应根据这类资料分析公司的产品或服务卖给谁，也可加入其他信息，如公司拥有什么资源、用在何处等，进而开发出企业现行的商业战略。

执行这类分析应以区域为基础，尤其是跨国业务的公司。原因如下：

◎许多企业分别活跃于不同地区的不同行业中。

◎即使行业相同，也会因区域不同而有不一样的顾客细分。

◎各家公司可能会选择在某一区域的某一市场细分中彼此竞争，在别的区域却选择全然不同的市场细分。即使在相同的行业中，也不会有“唯一”的顾客细分存在。

在进行商业战略分析时，多数营销者倾向于将较大的消费者市场以收入与教育水平细分为6个群组：

◎前10％的家庭细分。

◎双薪收入但不到10％的家庭细分。

◎其他4个家庭细分则是介于上述两个之间。

例如，某金融机构分析目前的公司战略，确定公司现在的生意来源为以下4个主要的消费者细分：

案例：金融服务公司的客户分配	
5%	年轻单身（未婚顾客） 新婚（已婚夫妇，无子女）
45%	新巢（子女小于三岁） 满巢（最大子女大于三岁）
40%	空巢（最大子女就读大学） 老年单身（无子女或离婚）
10%	退休（其中一人或两者皆不再工作） 幸存者（夫妇之一幸存）
100%	总计

2. 分析——战略效果

要评估现行战略的成效，规划部门必须考量的是在未来的市场细分中，公司是否仍能维持现状。这可依据以下两个因素来判断：

◎吸引力——获利的增长机会。

◎竞争地位——公司的优势与劣势。

市场细分的吸引力是根据：

◎该细分的预期销售数量。

◎每笔销售的目标利润。

◎该市场细分的期望增长率。

判断是否具有吸引力多依据利润或投资回报率。数字越大，自然代表这个细分越具吸引力。不过利润与市场增长率二者之间也有非常明显的直接关联，其中一个越高，另一个也随之越高。

判断市场细分吸引力时，也要参考公司在相同市场细分中竞争形势的信息。如果公司在市场上占有高价定位的优势，那么即可预期公司会有超越平均值的增长。反之，处于竞争劣势地位的公司，其增长率会比市场的增长更慢。

那么，要如何判定是否具有竞争地位？其实可用的方法非常多也很有效，像是提供高品质的产品、利用良好的产销渠道、高效率的制造速度、高品质的售后服务等，这些方法都是必要的，但彼此间仍有轻重缓急。有些方法是成功的关键要素，有些则会因不同的产品细分而有所不同。总之，公司整体的竞争地位源自其在关键领域中的表现，不过在其他领域也得要有符合水准的竞争力才行。

一旦完成吸引力与竞争地位的评估，就可开

发出一个以吸引力与竞争地位为双轴的矩阵。通过这个矩阵，企业可清楚地看出具有优势竞争地位与优质吸引力的市场细分商品，然后全力发展。

		竞争地位		
		优势	一般	劣势
吸引力	优质	XXX		
	一般			
	劣质			

这个矩阵的评估结果可用来建议该维持现行战略，还是把资源从某个或更多的现有市场细分移往别处。

关键思维

分析的目的是为公司判断哪些是既没有吸引力又不具竞争力的市场细分，这类细分自然会落在矩阵的右下角。或许会有两个或更多细分落入这个拒绝区，这得根据最初战略性计划制订后，至今哪些情况发生变化而定，比如市场增长率的变化、新的（或更强的）竞争者加入、新技术出现改变判定成功的因素等。因为“变化”是唯一不变的因素，所以今天的评判肯定与一两年前战略性计划的评估有所不同。因此，公司应该准备放弃目前落在拒绝区里的细分。

——若热·瓦斯康塞洛斯—萨

3. 创造——各种可行的替代战略

前两个步骤是在实际评估现行战略。第3个步骤则是检验其他替代战略的可行性，包括未被列入目前的目标中，但值得在未来攻取的产业细分。

其他的替代战略或选择通常在找寻下列3个答案时可获得：

◎哪些客户的需要仍未被满足？

◎哪些产品或服务能为客户增值？

◎哪些类型的客户尚未列入目标客户群？

在实践中，有两种方法最可能创造出有趣且值得一试的替代性策略。这两种方法分别是客户分析（现有顾客市场分析）与市场细分（辨识出未来有机会做更多生意的新市场或产业细分）。

（1）客户分析。既有客户不仅是额外生意的绝佳机会来源，而且他们的提议通常有更高的成功率。想从既有客户身上获得好构想，就得提出下列问题：

◎“谁”是我们的客户？

◎住在“哪里”？目前的客户如何购买我们的产品与服务？

◎客户目前有哪些需要是我们可以提供却没做到的？

◎还能在公司的产品与服务上做些什么才能为客户增值？

要谨记现有客户已经信任（希望是）你的企业，所以这个构想只是设法让客户为全新的生意提供灵感。可运用的方式有：

◎问卷调查。

◎与客户群面谈。

◎为客户设立免费建议专线。

◎运用客户与员工意见箱。

◎模拟演练客户所描述的理想状况。

（2）市场细分。这包括仔细地检视企业目前各产业的细分，并自问进入新的细分能否创造任何综合效应。分析这些机会要做的事有：

◎开发前一步骤所描述的细分矩阵——以吸引力与竞争地位互为两轴的矩阵。

◎详述每一细分目前采取的策略。

◎留意目前公司尚未进入的细分。把这些潜在细分加以分类，预估公司进入后能创造的效应水准，并依此决定是否进入。

◎引进客户的建议。客户指出的潜在市场细分是否值得更进一步地分析？

◎最后，要考虑那些在第一次分析时并不明显的市场细分是否值得搜集更多的客户分析资料。

关键思维

在实践中，客户分析与市场细分都能当作替代性战略建议的工具。当其中一项无效时，则应使用另一项。要是两项工具都指向同一个方向，要优先考虑该细分。如果各有所指，要以客户分析为优先，因为客户分析是根据较详尽的信息整理出的建议。

——若热·瓦斯康塞洛斯一萨

这整个程序的终极目标是确保“未来”公司的最佳化，然后再配合正确管理的“现在”公司，就可以保证企业必能成功。

——若热·瓦斯康塞洛斯一萨

4. 选择——具有综合效应的方案

机会与替代性战略是进入新市场的门票，但是要把这些机会开发成生意，需要承诺付出时间、精力及资源。因此，第 4 个步骤是决定保留或舍弃哪些替代方案，而决策的唯一合理标准是判断进入额外的产业细分时，能否产生综合效应。

综合效应（源自希腊文“synergos”一词，指不同力量共同累积的效应。而企业的综合效应来自于：

◎资源共享，降低成本——例如潜在的新生意机会与现有生意可以共同分享业务代表、分销渠道及厂房机器等，让更多产品与服务一起分摊、使用这些资源的成本。

◎节省费用——把公司当作大型企业里的部门来运作，这样比成立独立公司更节省费用。

以共享后所节省的金额作为分子，独立运营所需的花费作为分母，计算出的百分比就是综合效应。因此，30％的综合效应表示把公司当作大型企业里的部门，要比成立独立公司节省30％的费用。

综合效应可用来计算每个新战略机会的相对利益。简单来说，能创造最大综合效应机会的才是最具吸引力的，且应该比其他的替代战略优先开发。任何可能的新机会都可以利用这种一致且系统的方法来评估吸引力。

关键思维

“综合效应”是所有机会的决策标准，理由有三：第一，这个标准不是用来评估现行战略，而是评估吸引力与竞争地位的；第二，在众多机会中，根据个别综合效应潜力来选择是有道理的；第三，综合效应越大，表示这些潜在机会与现有细分能共享的资源越多，公司在新细分的竞争机会也就越大。换言之，综合效应与竞争地位是成正比的。

——若热·瓦斯康塞洛斯一萨

建立“未来”公司有两种不同方式：一种是改变现行任务（在各细分、产业及地区中）；另一种是做战略性规划，也就是未来该做什么事，以及如何改变目前业务。战略性规划是依据长期、短期及企业规划而设定，但功能性计划则是运用在“现在”公司，不是“未来”公司。

——若热·瓦斯康塞洛斯—萨

计划本身没什么稀奇，重要的是规划。

——德怀特·戴维·艾森豪威尔

美国第34任总统

5. 发展——新的战略性计划

当战略性计划进程结论出现时，企业就知道哪些现行业务不需再做，要加入哪些新业务，简言之就是公司已有新的（最好是经过改善的）商业战略。因此现在正是让组织内所有成员加速进入状况的时机，这时最好准备发出两份主要文件：

◎战略性计划。

◎任务性计划。

这两份文件会发展成管理“未来”公司的一部分：

战略性计划　　任务性计划

这些文件的重要性在于能简洁地描述新战略。要做到这一点，文件的品质与准确度是绝对必要的，原因有两点：

◎明确地履行战略比在含混不明中摸索容易得多。

◎下次在检讨这个战略时（如一年后），新进程的第一步就是检视这些文件，把最初的计划与实际经验相比较。通过了解实际与期望之间的差异，企业能强化并改善能力，以便在下次能切实做好。

好的策略性计划应该是：

（1）简单明了——多数企业通常有5～6页，大型集团也不超过20页。

（2）具体说明市场细分——需同时包含公司目前投入的及未来想进入的。

（3）提出充分理由，解释目标细分的选定——

每个细分要包含下列3项事实：

◎吸引力——每年度可能的获利能力。

◎竞争地位——预估市场占有率。

◎潜在综合效应——预期省下的成本等。

（4）依个别地区划分章节——相同地区使用同样的信息。

好的任务计划应该是：

（1）简明扼要的陈述——一个章节是陈述每个战略性业务单位的公司任务，另一章节则是涵盖整体企业的使命。

（2）提纲挈领——陈述公司预期达到的市场定位、公司面对的市场、做什么可以创造营业收入。

（3）成为焦点——让组织能集中资源与专注精力。

（4）精确的、详尽的。

6. 执行——新的战略

到这个步骤时，公司未来的走向已清晰明确，接着就必须决定怎么达到目的。此时，执行能力和策划高明的商业战略同样重要。

有效地执行商业战略的步骤分别为：

（1）定义组织整体架构——可用以下的组织图常用语汇说明：

◎需要多少个“战略性业务单位”（SBU）。

◎每个“战略性业务单位”的自主程度。

◎哪些功能应该予以集中。

◎哪些功能应该分散。

◎如何才能实现经济规模。

◎希望达到何种程度的一致性。

（2）为每个“战略性业务单位”设定目标——重要的成功因素、市场占有目标、获利目标及预期会面临的瓶颈。

（3）详细地说明评估进度的衡量标准——以一致、公正与客观的态度讨论实际的表现。最理想的状况是，应该以会计或监察等第三方搜集的数据资料作为衡量的标准。

（4）制订一套与达成“战略性业务单位”目

标相关的酬劳计划——如此可在报酬与每个企业单位的目标间产生关联。

（5）设定“战略性业务单位”为达成目标所应采取的一切必要活动——包括广告活动、维修部门及成本控制系统等方案。每个方案对目标造成的冲击都必须谨慎地考量与计划。

（6）从各部门的思考角度出发，整合各种活动——使每个方案都能彼此相容，以达成共同目标。这是指相互矛盾的方案应该要重新拟订，从而避免潜在的利益冲突。

（7）拟订每个“战略性业务单位”的预算——这样才能执行所指派的各种活动。理论上，这种预算应该以非齐头式的方法做决定，将每个“战略性业务单位”的预算加总就是公司的整体预算。

关键思维

要注意，执行战略与构思战略一样重要！构思完美但执行拙劣的战略是有效果（做对的事）

但无效率（把事情做对）的。构思拙劣但正确执行的战略则相反。为了让企业表现最佳化，效果与效率二者缺一不可。

规划部门的经理人要同时扮演领航员（提供信息）与机械工（维修内部系统与改良系统性能）的角色，但不是驾驶员，驾驶员是线上经理人。

——若热·瓦斯康塞洛斯一萨

7. 调整——寻求更大效率

规划部门的角色并不因完成新的战略性计划或进入执行进程而消失。相反，规划部门应该要继续扮演每个“战略性业务单位”的资源部门。在持续发展过程中，规划部门应该要专注于确认或找出任何妨碍“战略性业务单位”工作的瓶颈。

“战略性业务单位”通常专注于：

（1）达成指定的获利能力水准——有时会要求会计与采购部门配合。

（2）实现目标市场占有率——包括开展新的

广告活动，增加更多销售人员，不断调整促销与营销活动。

（3）掌握关键的成功因素——设法增强既有的竞争优势。

（4）找出阻碍执行的瓶颈——找出突破障碍的办法与手段，以扩大战果。

简言之，每个“战略性业务单位”直接深入战略执行的各种细节后，这时规划部门则退居幕后才能拥有更宽广的视野。所以规划部门不直接参与执行工作反而是件好事。

有效的规划部门必须是：

（1）拥有各种资源与时间去协助各个“战略性业务单位”——可以通过借调规划部门人员去帮忙个别的“战略性业务单位”执行或推动新方案。

（2）配备合格人员——当“战略性业务单位”的经理人面临特殊问题或挑战时，只有具备专业技能的规划部门的人员才能提供支援，这些专业涵盖经济、企业管理、科技或工程等任何领域。总之，规划部门应该是每个“战略性业务单位”都乐于使用的资源。

（3）维持中立与客观——不卷入公司政治或“战略性业务单位”间的权力斗争。

（4）具有高度弹性——不论企业内哪个单位的需求，规划部门人员都能有效地运作。

（5）拥有与外部顾问及其他资源的良好人脉关系——必要时可聘请担任个别“战略性业务单位”的顾问，以协助完成各项特别任务。

（6）有效扮演CEO的耳目——提供给CEO任何问题最新的第一手信息，并努力解决这些问题。

（7）评估新兴投资机会的最佳信息来源——因为规划部门非常了解企业目前的运作情形。

（8）擅长解决各种突发问题——因为规划部门理应了解每个“战略性业务单位”对彼此的运作方式会造成何种冲击。

三　组织“未来”公司

为了使“未来”公司能有效地运转，必须以合理严谨的态度组织公司。有3个实际的主要步骤：

（1）指派一位具备必要技能的规划经理人。

（2）快速地组织规划部门。

（3）同时考虑设立分权化的规划单位。

“战略规划单位”运转成功的驱动力，是来自一个拥有良好个人与专业技巧的规划经理人。规划经理人7大必备技能组合为：

（1）有助人际关系的本性——规划经理人要与企业内部各种类型的人一起开规划会议。

（2）同情心——这样才能关心与了解组织内员工的想法。

（3）稳定的情绪——规划经理人必须不断地与所有人进行互动。

（4）开放的心胸——乐于考虑各种未曾尝试的新规划技术与观念。

（5）逻辑思考的能力——必须定期召集大家研究各种新技术与问题。

（6）各种专业技巧——有能力准备各种重要的规划文件、计划方案、细分矩阵等。

（7）扎实的企业管理背景——从国际经济趋势到各种预测技术能全方位地进行分析，并拥有营销、财务与行政等方面的基本知识。

选定适任的规划经理人，就可以开始组织规划部门，以落实部门角色。规划部门一般会分成3个组别：

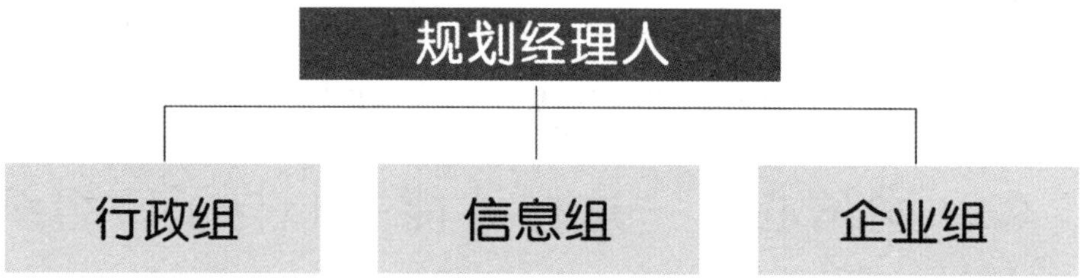

行政组的责任是：

◎开发企业规划指南。

◎协调规划会议。

◎搜集所有分析与规划文件。

◎安排规划会议的行政工作。

◎准备并发送会议议程。

信息组负责提供规划决策所需的信息，准备资料应包含：

◎各产业细分的预期增长率。

◎目前销售量与利润。

◎关键的成功因素。

◎优势与劣势分析。

◎客户简介与分析。

◎市场细分的分析及相关资料。

◎创造综合效应的潜在机会。

企业组则专注于监督策略执行与部门改组，以提高企业效率，主要工作有：

◎设计企业组织图。

◎设定每个“战略性业务单位”的目标。

◎根据目标评估进度与奖励制度。

◎拟订各“战略性业务单位”的预算。

◎监督所有策略的执行进度。

从工作本质来看，行政组处理规划的程序事宜，信息组专注于“未来”公司的效率，企业组则负责规划部门的效率。随着企业成长，规划部门可更务实地设立多个分权化的规划单位，以及一个主要的企业规划单位。有时企业内最好的计划往往是来自“由下而上”而非“由上而下”，大致上分权化的规划单位是设立在“部门”这个层次，在企业层次结合前，好的构想先在部门层次进行酝酿。如此，各部门的规划单位即可完成大部分规划工作，而企业规划单位的角色则是确保各部门间的计划能良好契合。

企业规划的多样化与分权化程度是根据以下条件：

◎拥有合适的专业与技术人才。

◎有效的内部沟通硬件设备。

◎单位间彼此通力合作的企业文化。

关键思维

规划经理人有4个角色：主办人、顾问、领航员及机械师。第一，要准备及组织公司内各种会议。第二，要参加所有会议，必要时要提供意见。第三，会议前，要提供所有与会者决策所需的相关信息，如去年拟订的策略性计划、评估替代策略的各产业细分矩阵、客户分析系统所建议的各种创新构想等。第四，作为机械师，规划经理还有另一种功能。因为“未来”公司，不只会受做了什么改变（效果）的影响，也会受到要怎么做这些变革（效率）的影响。规划经理的角色就像个内部任务小组领导者，在执行部门内的变革（像是改组、合并等工作），或是在适当时机下，指挥外部顾问群进行这些工作。规划经理人最后一个角色是列出所有“战略性业务单位”的计划，并汇总于整体企业的全球计划（包括预算、策略等）。

——若热·瓦斯康塞洛斯一萨

各大功能性部门协助总裁经营“现在”公司，规划部门则协助他经营“未来”公司。

——若热·瓦斯康塞洛斯一萨

相较于其他更早出现的管理领域，如管理会计（20世纪初，成本会计为主要发展代表）、生产管理（20世纪30～40年代）、人力资源管理（20世纪30年代）等。规划，特别是战略性规划，是管理领域中最晚发展的，始于20世纪70年代后期。所以，大众对规划所知有限并不令人感到意外。

——若热·瓦斯康塞洛斯一萨

就管理而言，应对变化的唯一手段就是经营“未来”公司。

——若热·瓦斯康塞洛斯一萨

如果没有可胜任的参谋本部（规划部门），

你要如何成为杰出的战略将军？

——若热·瓦斯康塞洛斯一萨

在目标与行动间、计划与现实间，往往存在许多差异，因此必须要从各项事实着手。换言之，现在的战略应该以有条理的方式搜集与事实相关的信息。所以公司现在的战略就是，发票开在哪里，谁就是客户。正如拿破仑的最佳诠释者克劳塞维茨（德国军事理论家，著有《战争论》）曾说：“策略，就是军队所在及力量所在。”以企业用语诠释，就是企业资源的所在与发票开出的所在。

——若热·瓦斯康塞洛斯一萨

时间轴是最重要且绝不能被忽略的。长久以来，多数文献着重于追求眼前的效果与效率，这是不够的。一个企业目前可能是既有效果（做对的事）又有效率（把事情做对），却因欠缺同时运用未来的效果或效率而无法计划未来的各种变化。这样即使能完美地经营“现在”公司，却忽略了“未来”公司，那么很快就会面临麻烦。不论短期、长期的竞争优势，都必须依赖管理人力资本（managerial human capital，焦点是现在的公司）与创业人力资本（entrepreneurial human capital，以未来的公司为目标）。若不能充分经营这两个方面，总体结果不是目前严重落后，就是无法适应未来。这也是为什么所有“战略性业务单位”的经理人都必须同时戴两顶帽子，一顶是“管理帽子”，另一顶是“创业帽子”。哪一顶都不可忽略，而且大小必须正好。

——若热·瓦斯康塞洛斯—萨

每位经理人都必须同时经营“现在”与“未来”的公司。如果只经营“现在”公司，而忽略了“未来”公司，一旦环境变迁，企业很快就会过时；如果只专注“未来”公司而忽略日常业务，那么企业永远也走不到遥远的未来。所以企业的经营者既要是经理人，可以经营“现在”公司，也必须是创业家，能够创造“未来”公司。

经营者永远的难题就是要能调和急切的（日常业务）与重要的（公司的未来）趋向。唯有同时把“现在”与“未来”的公司都经营得好，才算是完美表现，否则经理人的工作只做了一半。

——若热·瓦斯康塞洛斯－萨

用全球资源赚全球市场

How We Compete

What Companies Around the World Are Doing
to Make it in Today's Global Economy

原著作者简介

苏珊·伯杰（Suzanne Berger）是麻省理工学院政治学教授，也是该校“国际科学与技术研究计划”主持人。柏格毕业于芝加哥大学与哈佛大学，1968 年起便在麻省理工学院任教至今，曾任该校“工业生产力委员会”委员，在 20 世纪 80 年代分析美国产业界的优势与劣势，并与该机构合著研究报告《美国制造》。

本文编译：杨明暐

主要内容

关键词解读

放宽管制

“放宽管制”与“私有化”是20世纪80年代英、美等国的主要政治、经济改革措施，也是促成经济全球化的重要力量。当时的英国首相撒切尔夫人与美国总统里根都提倡“小政府”主义，认为国家介入市场过多，会扭曲市场机制、降低市场效率，因此两位领导人一起采取“放宽管制”措施，减少政府对市场的控制。“放宽管制”把传统经济活动中的政府责任逐步释放给大型跨国企业，政府甚至会倾国家之力，协助企业向外扩张。美国中央情报局在里根任期内，就曾特地针对中情局的“商业”功能进行研究，并且确立了情报应该为商业服务的新原则，把监控全球得来的重大经济情报提供给跨国企业使用。

在增强企业实力的前提之下，同样是“放宽

管制”，有对内、对外两种做法。以美国来说，对内是要让企业享有更多自由操作的空间，对外则是要求发展中国家“政策松绑”，让美国企业可以更游刃有余地享受各国的自然与人力资源。的确，经济强权在发展中国家的投资能够让发展中国家通过全球化找到经济定位，但是摆在眼前的现实是，在全球前100大经济体之中，有51个是跨国集团，其余49个才是国家。我们不禁要思考：这是“谁的全球化”？

血汗工厂

“世纪经理人”杰克·韦尔奇有句名言：“我们一定可以从一颗柠檬中榨取出无限量的果汁”。这句话或许是对“血汗工厂”企业主最生动的心理描写。“血汗工厂”是指劳动力密集型产业中严重剥削劳工的工厂。造成这种状况的要素包括专营品牌、将生产业务外包的国际知名品牌、上述品牌的承包工厂等。在全球化影响下，血汗工厂的受害者不只是蓝领劳工。白领阶层在企业纷纷采取并购、裁员以及短期聘雇等策略的形势下，因为畏惧饭碗不保，也被迫成为企业压榨劳动力、时间与工资的对象。近年来反全球化抗争日盛，各大跨国企业开始认真思考自己作为企业公民的社会责任。长期被外界视为“血汗工厂”同义词的运动用品大厂——耐克，在2005

年 4 月中旬公布的社会责任报告书中，首度坦承供应商确实有虐待劳工的事实，并且为了洗刷恶名，主动公开全球 700 家供应商的名单和地址，还积极派人到代工厂稽查。沃尔玛、家乐福与通用电气等五十多家跨国企业也都设立了专门的劳工与社会责任部门，希望逐渐消除“血汗工厂”。但是在企业的获利压力之下，上述行动的落实情形仍有待观察。

5分钟摘要

除了低成本，你还有千百种赢过全世界的机会

为了厘清全球化对商业界造成的实际影响，麻省理工学院“工业绩效中心”耗时5年，分析500余家跨国企业应对全球化的实际经验。结果发现，全球化造成的影响与一般的认知不同，它不是只有单一视角。全球化，不光是把所有工作移往薪资低廉国家这么简单，它还创造了遍地商机，同时还给经营稳健的企业带来相当大的危险。组织运营成败的关键在于组织采取的策略，而不是全球化造成的外在影响，而且这个趋势越来越明显。

这项研究的另一项结论是，廉价劳工不是所有运营挑战的唯一答案，这项结论与媒体上常见的描述大相径庭。要在全球经济中胜出，有许多

不同方法，经营稳健的企业想要脱颖而出，机会其实不可胜数，远远超出一般人的想象。全球化的发展进程创造了成千上万种可行的成功方法，不是只有那一种至今仍备受关注的方法。

总而言之，面对全球化没有所谓的标准答案，每家企业都必须从众多可行的方法之中，找出最适合自己向前迈进的方法。

关键思维

全球化造成的压力迫使绝大多数经济体调整自己的经济活动，而且我们无法从中归纳出最合适的单一调整方式。我们发现，即使是在电子产业，都有许多不同的方式能够让企业成功地进行外包与分割生产业务，可见企业的确可以用各种不同方法来面对全球化。全球化是不是绝对会让某项特定商业活动成为历史，我们十分怀疑。

——苏珊·伯杰

一　定义“全球化”

几乎每个人都在思考和谈论“全球化”，尽管如此，这个名词却没有明确或正式的定义。自20世纪90年代以来，各国政府放宽管制与降低贸易限制产生的联合效应，就统称为全球化。要解决各方对全球化涵义的争论，就不要把全球化当作所有重大社会变化的通称，或许第一步提出人人都能接受的定义才是解决之道。

全球化的核心概念是，世界会形成劳动力、资金、商品与服务的单一市场。这个理想的市场有下列几项特色：

◎劳工的待遇在全球各地都是同工同酬。

◎商品或服务的价格在全球各地都一致。

◎利率在全球各地都相同，只会因为风险高

低有所调整。

显然，世界距离这样的美丽境界还相当遥远，然而在日渐趋近这个理想的同时，世界经济也发生了翻天覆地的变化。有鉴于此，有些人便提出了更务实的全球化定义："国际经济与各国经济加速整合为世界市场的过程。"

各家学者对全球化的定义或许还没有达成共识，但是大家都认同，全球化是一连串政治、经济与科技事件共同影响下的结果。这些事件包括：

◎1978 年，中国推行"改革开放"政策。

◎1989 年，柏林墙倒塌。

◎美国与世界其他主要经济强权，为了促进资本市场自由化以及解除贸易限制作出几项重大政治决策。特别是 1947 年的关税与贸易总协定，以及在 1986～1994 年间进行的"乌拉圭回合"谈判。

◎1994 年，各国通过决议，成立"世界贸易组织"。

◎新科技的发展使通讯与运输成本不断降低。

◎各国金融市场自由化，做法包括解除限制、放宽规范，允许大额资本自由地在各国进出。

全球化带给许多企业最大的威胁是，它使各种规模、各种形态的企业都能够从世界各地获取资源，并把资源整合到产品之中，用新的方法打入既有市场。这些资源包括下列几项：

◎低廉的技术性劳动力或是半技术性劳动力。

◎先进的制造设备。

◎创新与专业的高技术人才。

◎能够取得顶尖创新与解决问题的技巧。

◎不必预先投资大笔资金，就可以迅速扩大生产。

◎产品从研发到上市的时间缩短，产品的开发周期也更快速。

◎各种立即可用的零部件，它们能够组成新

产品。

◎能够获得专业企业的支援，利用他们的世界级生产与运营技术。

◎随时能够取得必要的生产能力与营销等专业服务。

◎能够与全球各地最优秀的制造商充分合作。

关键思维

贸易自由化为投资与生产开启了新的商机，企业可以在工资低廉的市场生产更多商品与服务，并销往发达国家市场。各家企业在发展中国家生产基地生产的产品，不仅回销到富裕的国内市场，也开始销售给发展中国家市场的顾客。

——苏珊·伯杰

美国人的聪明才智会对美国经济造成什么样的影响，这一点很难预测。例如，过去半个世纪以来，新科技使农业生产力大幅提高，结果美国的农业人口比例从原本在 1940 年占总就业人口的约 20％下降到今天的约 2％。在 1940 年，没有人能料想到，有些农民的后代会成为网站设计师或电脑断层扫瞄操作人员，但是这一切现在都成为现实，而且他们还能赚取更高的薪水。

——格里高利·曼昆，前白宫经济顾问委员会主席

过去 15 年，经济状况以及我们对经济关注的焦点都发生了巨大转变。美国人在 20 世纪 80 年代忧虑的是外面的世界，对美国来说，最大的威胁也许来自日本、德国等经济发达国家。今天，美国人再次经历了一段惶惶不安的岁月，大家不仅担忧，美国劳工在外国对手的竞争之下命运会是如何，也担忧美国在全球经济中的优势地位会遭遇什么样的严峻挑战。全球化进程中最重大的改变或许是发展中国家开始兴起。发展中国家的商品占全球商品的比例在 2004 年已经上升到 31％。

——苏珊·伯杰

二　推动全球化的力量

虽然经济学家对全球化的定义存在分歧，但是大家一致认同，有3股不断增强的巨大力量一直在推动全球化向前迈进。这3股力量分别是：

（1）各国政府放宽管制——解除限制、放宽规范，使贸易与资本可以自由流通。

（2）通讯与运输费用不断下降。

（3）信息科技让企业能够把供应链拆解成不同片段，然后把各项业务移往效率高的地点。

支持与反对全球化的争论焦点在于，这3股推动的力量会不会迫使每家企业采取相同的生存方法，或是各家企业在面对全球化压力时，自然会选择不同的成功之道。

这3股推动全球化的力量十分强劲有力。当这3股力量同时作用时，就有可能彻底改变各个国家的经济基础。

我们真正在乎的是，全球化会造成什么样的后续效应。这个问题的答案是：大多数人认同全球化会产生两种经济模式，以及麻省理工学院工业绩效中心研究出的第3种可能模式。这3种模式分别如下：

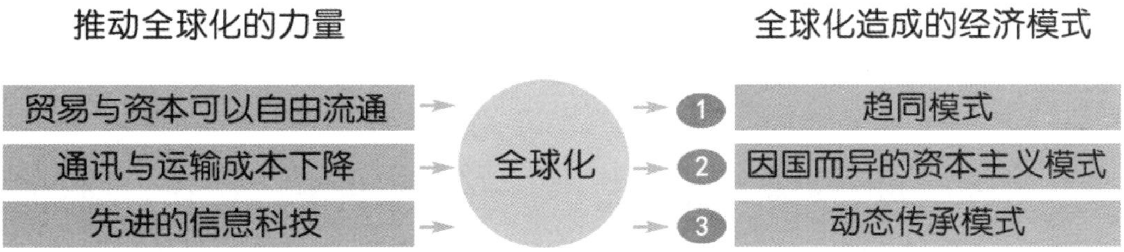

（1）趋同模式——这种模式认为，全球所有企业的营业模式最后会被迫趋于一致，并且采取能获取最大经济收益的营业方式。在趋同模式下，随着全球化的趋势越来越稳固，做生意要获利只会剩下一种方法。

（2）因国而异的资本主义模式——这种模式

认为，全球化会对不同国家的经济造成不同影响。因此，美国企业应对全球化影响的做法会与德国、日本、英国等国企业有所不同。在这种模式下，全球化会使各国的差异性与优先要务差距更大。美国企业会利用全球化来扩大规模经济效益，而日本企业会利用全球化保障自己终身雇用员工的传统。那些过去放任市场力量分配资源的经济体会继续这样的做法，而其他长期靠中央管理等机制协调运作的经济体也会持续采取这种方式。

（3）动态传承模式——在这种模式下，不同企业在面对全球化压力时，会依照企业累积的传承资源，采取不同的应对做法。传承资源包括实践经验、技术、人才，以及组织的能力与历史。部分企业能够胜出的原因是，即使在全球化的强大压力下，这些企业调度资源的方式还是能比其他企业更有效率。在动态传承模式下，企业在全球化环境中营业，没有所谓“正确”或“错误”

的方法，而是有许多方法可供选择，企业可以依照各自状况，选择自己的运营方式。

研究结果显示，动态传承模式要比趋同模式以及因国而异的资本主义模式更贴近实际情况。

关键思维

20 世纪 90 年代，麻省理工学院电机工程专业教授查尔斯·索迪尼开发出一种用互补性氧化金属半导体制作的影像感测芯片，这种芯片能够装进像信用卡一样大小的相机里。索迪尼与同事制造出一具原型机，向外界示范自己的概念，并且在 1999 年成立 SMaL 公司，把这项发明商业化，而这项发明也被吉尼斯世界纪录列为“世界最薄的相机”。这项创新原属于索第尼与他的同事，但他们决定不自行生产这种相机，反而把内含 SMaL 专利元件的零件组出售给知名品牌，再由这些品牌依照 SMaL 的零件组来设计相机机身。第一家品牌顾客是日本富士公司。富士把设计相机的细部规划工作交给香港的工程师负责，再由中国工厂负责生产。各家品牌销售了超过200万套的SMaL零件组，而SMaL的营业额在2004年则到达1040万美元。2005年2月，美国赛普拉斯公司买下SMaL公司，收购条件是4250万美元现金外加绩效奖金。SMaL之所以能够靠相对小额的投资快速拓展业务，就是因为SMaL能够把创新、生产以及营销业务分割，外包给不同企业负责，这些企业都是市场上现有的厂商，它们原本就拥有许多顾客。

——苏珊·伯杰

三　应对全球化的 4 项通则

从数百家企业成功应对全球化需求的故事中，我们可以得出下列 4 项明显的通则：

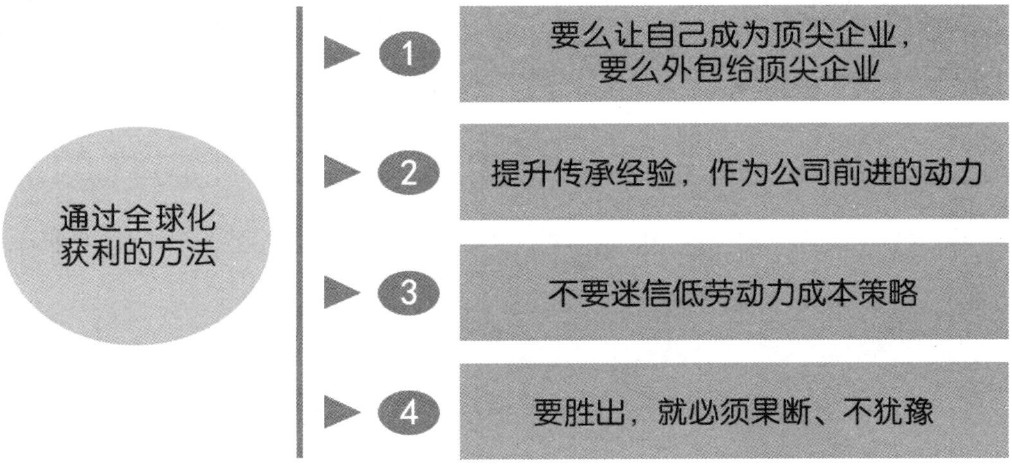

整体来说，没有任何一种运营模式能够保证让企业成功地面对全球化。面对全球化反而有许多不同的成功模式，这些模式的基础通常是企业原本就拥有的各项资源，也可能是供应商或是企业伙伴的资源。面对全球化，没有一体适用的解决方案，企业本身的能力以及运用能力的方法才是让企业向前迈进的真正力量。

1. 要么让自己成为顶尖企业，要么外包给顶尖企业

在过去的经济环境中，垂直整合是企业获得经济成功的不二法门。企业将原料引进自己生产线的一端，再从另一端输出成品卖给消费者。现在，这种营业方式已经被更模式化的思维取代。每家企业现在都必须作出下列两项重大决策：

（1）在公司产品的供应链与配销链中，有哪些步骤应该保留？

（2）有哪些步骤应该外包，也就是向其他国内外企业购买？

企业必须视各种情况，不断重新检讨这两项决策。情况可能是市场条件改变、承包制造商的能力提升、新科技出现，或是外国劳工培养出能够提供不同服务的新技能。管理阶层今天面临的挑战是，要怎样让组织本身的资源和能力与承包厂商能提供的资源和能力紧密结合。也就是说，全球化时代的理想企业与过去的卓越企业大不相同，即使那些企业在 20 世纪 80 年代获利还相当丰硕。

数码科技构成了模式化运营方式的基础，使得企业能够运用各种方法，组合出能够获利的营业模式。经营企业再也没有“对”或“错”的方法，反而出现许多做法供企业选择，而且在适当的环境与市场条件下，绝大多数的做法都能够帮助企业胜出。企业必须不断决定，供应链中有哪些业务应该保留，哪些业务最好交由其他国内外业者负责。

按照经验法则来看，有些产业的生产过程是可以分割的，这类产业中的企业唯一应该保留的就是那些自己能够与其他世界顶尖对手竞争的业务，除此之外都应该外包给世界级供应商。如此一来，企业才能达到卓越效率，即使企业因此必须将部分工作外移，不能留在国内，也都要在所不惜。

话虽如此，在某些情况下，反其道而行之反而能够获得更有利的结果。举例来说：

（1）松下及三星等东北亚企业都选择保留自己的生产业务，不移往工资低廉的国家。这些企业其实是在打赌，他们认为保有生产能力，可能未来可以为企业带来益处，即使企业必须因此支付比较高的薪水。在科技停滞不前的时期，这些企业采取的方式或许并不符合成本效益，可是在各种创新百花齐放、企业必须大幅调整生产方法时，这种方式可能就会为企业创造许多竞争优势。

（2）在纺织业，一家接着一家企业把生产线移往中国，因为中国的人力充足，而且工资比较低廉。西班牙服装商 ZARA 却坚持不跟进这股潮流，该公司 2004 年的营业额高达 56 亿美元。

ZARA采取垂直整合策略，有约40%的生产原料由自己生产，并且把缝纫工作转包给企业总部所在地拉科鲁那附近的几家小工厂。结果ZARA生产的服饰，从设计到上架的时间要比所有竞争对手都缩短许多。ZARA旗下有600家直营店，这些店面每隔两个星期左右就会更新所有的服饰。ZARA的顾客已习惯每星期光顾一次，看看现在哪些服饰最时髦。

所以很显然，要应对全球化的需求，没有绝对对或错的答案。企业可以采取许多不同的方法，为自己写下成功的经营故事。面对全球化企业一般的做法是，保留住自己最适合从事的业务，并且把所有其他业务外包出去。这种方式在大多数情况下似乎很管用，但凡事都有例外，而且这些例外也都靠着自己的力量，写下许多杰出的成功故事。然而，在面对全球化时，每家企业都必须在自身发展过程的某个阶段作出对应的抉择。

2. 提升传承经验，作为公司前进的动力

不同企业擅长的业务也不同。各家企业依据自己的历史与企业文化，会往不同的方向发展。企业会开发出特有的人力与技术资源，通过这些资源建立起传承经验，作为企业前进的动力。在实践上，企业会培养出自己的“遗传基因”，也就是会拥有各种不同的能力与优势。

每种产业中都有很多成功机会。有些企业能够胜出，往往是因为他们能够掌握这些机会，掌握机会的方法是运用自己的传承经验，同时抓住全球化带来的其他发展机会。成功企业会善用全球化的好处，并且把自己运用这些好处的方法加进自己的传承经验中，借此提升自己的传承特性。

日本索尼公司就是采取这种做法的绝佳例子。索尼在2003年仍是全球最大的消费电子企业，但是到了2005年，该公司的营业收入与获利都出现下滑。长久以来，索尼一直是便携式音

乐播放器的创新领导者，这时却被新的竞争对手超越，例如生产音乐播放器 iPod 的苹果公司。索尼任命霍华德·斯金格爵士出任 CEO，而这位新任 CEO 决定把运营重心调回公司最擅长的业务上。

索尼成长的方法一向是，先开发出轰动市场的产品，再靠产品打开新的市场。索尼的辉煌记录包括，率先推出录音机（1950 年）、晶体管收音机（1955 年）、彩色电视机（1969 年）、随身听（1979 年）、CD 播放器（1982 年）、摄像机（1983 年）、数码相机（1988 年），以及 PlayStation 家用游戏机（1994 年）。为了打造出下一个轰动市场的产品，索尼与东芝、IBM 合作，开发出名为“细胞”的处理器芯片。这种芯片的计算能力比现有的微处理器要强大许多，索尼会在次世代数码电话、游戏机、电脑工作站，以及高分辨率电视等产品中置入这种芯片。

跟许多其他消费电子公司不同的是，索尼并

没有把生产业务外包，反而保留了生产业务。索尼采取这种做法的好处有下列几项：

（1）索尼与顾客之间少了另一个层级的隔阂，公司可以更快地接收到顾客的信息，顾客信息也不会被过滤掉。

（2）索尼并没有大量生产，避免了在市场疲软时必须降价求售的窘境。

（3）索尼每3～6个月就修改产品一次，如果索尼把生产业务外包，就无法做到这一点。

（4）索尼的企业规模庞大，直接与供应商协商得到的零件价格会比许多承包制造商能得到的价格更低廉。更何况承包制造商其实并不想要压低零件价格，因为制造商如果压低零件价格来回馈索尼，反而会让自己的营业额减少。

（5）索尼不希望敏感的技术情报外流到承包制造商手上，免得制造商以后回过头来和索尼竞争。

（6）索尼不希望自己的工程师把时间花在传

授承包制造商制造方法上。

（7）索尼拥有充足的生产力，能够充分满足市场需求，他们不希望把这种能力交给外部的承包制造商，他们宁可保有生产的弹性与控制生产的能力。

（8）索尼清楚地认识到在中国生产商品的好处，他们在中国建立自己的工厂，生产 PlayStation 与 VAIO 笔记本电脑等品质成熟而且销路又好的产品。

总之，因为索尼的传承经验是善于推出轰动市场的新产品，因此当其他企业为了应对全球化而不得不采取几种相同做法时，索尼却凭借自己的传承经验逆势操作。截至目前，索尼的策略获得了不错的成效，公司的营业收入日渐增加，也有许多创新产品等着问世。

索尼的例子是许多在全球化时代胜出企业的缩影。这再次说明了面对全球化，没有绝对“正确”或是“错误”的方式。部分企业之所以能够在全球化时代有亮丽的表现，反而是因为这些企业选择的新运营方法符合自己的能力、人才、喜好、记录以及目标。成功地应对全球化的方法十分多样，企业也因此拥有相当多可行的做法。

关键思维

我们会加速跨企业合作，重振公司的活力并提升创造力。光靠降低成本是没有办法让公司成长的。我们需要新计划、新构想、新策略、新联盟，还需要共同的愿景。

——霍华德·斯金格爵士

3. 不要迷信低劳动力成本策略

目前为止，全球化最受瞩目的方面就是廉价的劳动力成本。只要有企业把工作机会从发达国家外移到发展中国家，就会引来许多媒体的报道与评论。有数以千计的工作机会正从劳动力成本高的国家移往劳动力成本低的国家。值得注意的是，即使是在资本密集型产业，劳动力成本只占总生产成本的一小部分，也出现了类似的情况。这或许反映出，劳动力成本与其他固定生产成本相较之下，总会被认为是一项可以调整、可以压缩的成本。

目前为止，工作机会外移的趋势有下列几项：

（1）20 世纪 70 年代，低技术门槛的产业首先开始把工作机会移往劳动力成本低的国家。这些产业包括玩具、服装加工、制鞋，以及印刷电路板装配等。

（2）到了 20 世纪 80 年代，东南亚等地区渐渐有能力负责更复杂的生产业务。电脑硬件与半导体制造商在这一时期，开始在各个劳动力成本低的国家设厂。

（3）20 世纪 90 年代，有越来越多简单的服务工作开始移往劳动力成本低的国家，例如医疗转录以及处理信用卡账单等后台工作。

（4）网络使得信息传输更加便捷，因此有大量需要熟练技能的技术与服务工作正在移往中国、印度与俄罗斯等国。在这些国家聘用的员工，其薪资往往只要其他国家员工的一半。到了今天，在印度的放射科医师为美国医院判读X光片、IBM的北京研发中心研发出最顶尖的产品，以及北京最先进的半导体厂制造出最新一代的微处理器等情况，都不足为奇。光是在2003年，IBM就把4700个原本在美国的程序设计师工作职务转移到印度与中国。有许多其他企业也已经进行，或是正进行类似的外包业务。

然而在跟进采取相同方法之前，企业应该要先停下脚步，确认自己精确计算了廉价劳动力的真正成本。劳动力成本绝对不只有支付给员工的薪水而已，企业还必须将下列几项要素列入计算：

（1）有些国家的政治风险极高，即使事先规划，也不能保证事情不会出现变数。像朝鲜或是利比里亚这些国家，即使当地政府提供免费土地等诱因，还是不要考虑在这些国家设立企业。

（2）还有一些国家因为有内部冲突、游击队活动以及政治动荡等状况，政局本身就不稳定。这些国家包括印尼、菲律宾、缅甸等。任何企业要在这些国家设立据点，必须充分了解政治氛围随时可能改变，使得外国企业遭受排挤。

（3）在其他国家，商业基础设施十分薄弱。例如在海地与多米尼加共和国，失业率很高，劳工的日薪不到两美元。尽管如此，由于这些国家政府过去有镇压百姓的记录，如果在这些国家制造商品，产品的品牌声誉就有可能受损。

（4）即使劳动力成本低廉，而且工厂也设置了最新式的机器，员工贫乏的生产力仍然可能妨碍生产工作。换句话说，技术熟练的高薪员工为公司创造的价值可能远高于两三名做同样工作的低薪员工。受过良好训练的员工也可能会更早发现问题，避免因为错误的生产方式而浪费珍贵的原料。光是比较工资高低并不能看清成本的全貌。

（5）除了工厂的工人之外，企业也必须安排人力，以负责机器维修以及维持运营等支援工作。如果因为要等待维修人员解决问题，造成机器长期闲置，原本因为支付生产线员工较低薪资而争取到的财务空间就有可能会因此抵销。

企业虽然支付了低廉的薪资，通常还是必须一并考虑其他附加的运营成本，这样才能正确计算出采取低劳动力成本策略的真正价值。进口原料并不方便，而且原料成本可能高得吓人，另外设备的运输成本可能也相当可观。上述各项固定的经常开支常常会抵销低劳动力成本带来的经济效益。

另外要记住的是，低廉的劳动力成本只是一个国家在特定时期内能使用的王牌。目前最受企业瞩目的低劳动力成本国家是中国、印度与菲律宾。然而，在一旁蓄势待发的国家还有越南、柬埔寨以及斯威士兰等发展程度更低的国家。等到中国与印度的劳动力成本逐渐升高，把工作重新安置到这些劳动力成本更低的国家，对企业来说可能会是个更具吸引力的选择。所以，一个国家提供低劳动力成本的能力只会是全球化进程中的短期竞争优势。

企业如果要把所有制造业务外包到劳动力成本低的国家，还会面临下列几项问题：

（1）失去快速调整产品的能力——因为要推出新设计，必须通过跨越数国的供应链才能完成，最后还必须通过船运才能交送，这会耗费不少时间。如果你公司所在的产业要求企业要有快速反应的能力，必须迅速交货，甚至要少量供货给许多不同的批发商顾客，那么要把生产业务外移就会相当不容易。

（2）如果你的品牌被消费者联想成是在“血汗工厂”进行生产，就会大大影响品牌形象——可能导致销售量巨幅下滑。

（3）从营销的观点来看，有些产品的原产国是生产销售的重要因素——也就是说“意大利制造”的服饰，或甚至“美国制造”的威士忌，跟“非洲制造”的产品比起来，绝对能够要求比较高的价格。

（4）如果产品是在其他国家生产，就很不容易调整产量——例如对出版业等行业来说，就会造成困扰。如果某一本书销售一空，书商会希望立刻进行再版，他们没办法忍受要等上四五个月的时间。除非印刷厂近在咫尺，而不是隔了一海之遥才有可能做到这一点。

（5）在你的公司周边可能会有许多企业能够生产配件以及提供专业知识或技术等支援——把生产业务留在当地，善用这些资源，这样会是更合理的做法。

（6）如果你想要解决问题以及提出创新构想，就算采用了最先进的通讯系统，沟通效果还是比不上面对面会谈——把所有人聚集在一块，可能会比起分散在各大洲还能创造出更多价值。如果行业圈的发展程度达到硅谷、英国剑桥大学周边，或者台湾新竹科学园区的规模，这种状况尤其明显；即使是企业内各单位之间的沟通也同样存在这种情形。

（7）有些制造业务可能没办法拆解——也就是说，这类业务没办法分别在不同地区分别进行。

有些企业目前利用“独立单元”或“小单位”的方式进行生产业务，把工作留在国内而不选择把生产业务外移。独立单元生产的方法是，由一小群员工组成独立业务单元，以负责将产品组装完成。公司会设定一个目标价格，然后他们要运用自己的才能与企业的资源来达成目标。如果这个业务单元的产能具有竞争力，公司就会把工作交给他们，否则就会转交给承包制造商。如此一来，企业就可以决定哪些生产技术要保留，又有哪些生产工作应该外包。独立单元生产之所以受到高度重视，是因为这种做法可以少量生产某项产品，而且这个团队在之后又可以转而生产另一批完全不同的产品。这种安排生产工作的方式让企业享有充分弹性，可以大大减低库存压力。

4. 要胜出，就必须果断、不犹豫

全球化正在创造许多成功的运营模式。例如在过去，企业在正式运营之前，必须获得充足的资源，设立自己的工厂。而在今天，新创企业可以从其他专业的企业那里，购买到所有自己需要的制造能力，更棒的是，那些供应商使用的还是世界级的科技与系统。新创企业可以把全部精力放在自己最专业的业务上，把其他所有业务外包。从营业的角度来看，这真的是全球化最吸引人的地方。

全球化除了为企业带来更多机会，也使得价值链中各个项目的竞争更加激烈。简单来说就是，企业不论选择要保留哪一项业务，都必须以世界各地顶尖的竞争对手为标准，检视并且评估自己该项业务的表现。企业在选择保留某项功能而不把这部分业务外包时，必须经过审慎思考，确保这样做能维持某种竞争优势。如果企业必须不断调整产品并迅速打入市场，可能会选择保留产品设计能力，这样才能快速开发出创新产品及服务，但还是必须经过审慎思考，不能光因为过去的惯例而采取这种做法。应对全球化必须遵守的规范是，企业决策必须审慎，并清楚地了解各项决策的利弊得失。

全球化也明显抹去了产业界限，过去被清楚地认定为“生产”的活动会因为融合了服务的要素而变得与过去不同，细分产业类别变得没有意义。举例来说，假设你开设了一家公司，搭售移动电话与电话服务。负责设计、开发手机的是一家企业，负责生产手机的是一家承包制造商，然后手机挂上其他公司的品牌来销售，并使用另外一家公司的技术维持产品的有效运作。那么，这部手机的“制造商”究竟是设计手机的公司、组装手机的公司、负责推销的公司，还是负责提供必要服务的公司？全球化模糊了许多产业界限，使我们无法清楚地归类各种交易，同时也为企业创造了许多机会，使企业可以在价值链中的不同项目获得成功。现在的企业已经不必再一手包办所有业务，这种情形在将来势必会创造许多有趣的可能性。

在全球化环境下，企业最困难的抉择之一在于，究竟要自行生产消费品，还是要先生产零件，再把零件卖给制造成品的厂商。这两种方式都能够让企业获得成功。德州仪器放弃了制造产品的业务，专心于生产零件，表现十分出色。摩托罗拉放弃半导体生产业务，专攻营销，也相当成功。索尼、东芝、日本电气以及夏普等企业，既生产成品，也销售零件。在全球化之下，成功的方法不只一种。即使是在同一产业的企业，还是能够凭借各种截然不同的策略以及发展重心而获得成功。

另外一项明显的发展是，不会有所谓的“夕阳产业”，这些产业也绝不会从劳动力成本高的经济体中消失。真正重要的是企业的能力，以及如何运用自身的能力来应对全球化。企业只要能够掌握自身独特的能力，并且尽情发挥这些能力，仍然能有持续亮丽的表现。这就是即便是在大部分服装制造业务都移往低劳动力成本国家的现在，美国国内一些提供优质产品与服务的企业仍然能够生意兴隆的原因。这些企业把全部精力放在自己最擅长的业务上，不会试图采取薄利多销的做法，因此能够获得丰厚利润。精明的企业会善用自己的传承资源，并且会抓住全球化带来的各种机会，找出新方法来提升获利。

整体来说，全球化使企业面临着比以往更多的开放式问题，问题多得超乎大部分人的想象。比较显著的问题包括下列几项：

（1）组织有哪些传承资源？我们要采取哪些

不同以往的方式，运用传承资源，以为组织创造价值？

（2）我们应该把哪些运营流程移往低劳动力成本的市场？又应该保留哪些流程？

（3）在把运输等成本全部纳入计算之后，生产业务外移的产品实际到岸成本是多少？

（4）如果我们能快速满足顾客需求，获得的收益会不会高过生产业务外移所省下的成本？

（5）如果我们把大部分业务外包，并且把自己的科技、知识与技术转移给承包制造商，我们是不是在增强这家企业的实力，造成这家企业有一天决定跟我们竞争同一块重要的消费市场？

（6）在把生产业务外包的同时，我们是不是已经明确认识到，公司成败完全要看合作伙伴能不能做到他们承诺的表现？如果合作伙伴出了状况，会不会损害到我们自己的营业收入与利润？

（7）如果我们跟同行都把生产业务外包给同

一家承包制造商，会不会减损自己面对竞争的差异性？有没有可能到后来，我们的产品跟其他同行都一样？

（8）在过去，我们通过在产业中累积的各种实践经验开发出专属的技能，这些经验能不能让我们下一代的员工练就相同的技能？

（9）我们一向能够看出服务顾客以及开发创新产品的商机，如果我们把公司部分业务外包，对自己发掘新商机的能力会造成什么影响？

（10）假如我们今天因为已经把所有生产工作外包出去，所以不雇用任何初级人员，在将来必须开发下一代产品时，要怎么培训公司员工，让他们拥有适当的技术与知识？

（11）有一些没有特定目的的先进研究，通常无法在目前为企业创造营业收入。如果我们今天不从事这种研究，会不会错失良机，无法开发出重要的突破性科技与新构想？

关键思维

麻省理工学院的研究团队，并没有发掘出能够预见全球经济发展的水晶球。但是我们研究的500家企业都同样面临了世界各地竞争对手的强力挑战，通过这项研究，我们深入了解到企业在极度不确定的时期是如何运作的。令我们感到意外的是，这些企业竟然能够运用这么多种不同的策略和手腕来打造具备获利与创新能力的事业。在每个国家的每种产业中，都有赢家（也都有输家），但是我们没办法从这些赢家之中归纳出独一无二的最佳运营模式。我们反而发现，这些赢家在各种资源构成的基础上，建立了许多种成功模式，有些资源是企业原本就具备的，有些则是供应商与生意伙伴提供的。

——苏珊·伯杰

各方对于外包有不同的看法，这样的争论也在富士通出现。有些人认为："我们只要专于挑选最优质的元件，再和服务搭配销售就行。"其他经理人则认为："如果我们使用标准化零件，任何企业都可以推出同样的搭售组合，那么富士通的竞争优势又在哪里?"没有差异化的硬件，就没办法以"纯粹"服务商的角色胜出。富士通该如何创造利润?从上述观点来看，我们必须保有先进的硬件制造能力。我个人认为，日本人不实际地生产出产品是不会感到满意的。单靠构想和概念来做生意会让日本人没有安全感。

——高岛章，日本富士通株式会社副社长

承包制造商为许多不同顾客制造各式各样的产品，所以他们非常清楚什么样的生产过程才是最有效率的。这项专业技能对我们有很大的好处，它能够降低生产成本，而且对思科来说，外包给承包制造商能够让我们把全部精力放在自己最擅长的产品研发上。思科在制定外包策略时一向十分审慎，有许多生产业务是可以外包的，问题是，我们对于关键流程应该保持什么程度的控制。设定与测试会直接影响产品的品质，而品质正是顾客重视的项目。因此思科会掌握资料库、品质管理以及生产过程监控等项目，即使这些业务已经外包也一样。例如，思科可以随时取得承包制造商的品质管理系统资料，借此了解产品的各种情况，包括制造商、生产地点，以及生产时间等各种信息。

——尤瑟夫·艾巴希

思科系统公司科技事业部采购经理

回顾我们在德国、日本、英国、法国、意大利以及美国所做的访谈，我们见到了过去20年来发生的重大转变。就在20年前，大部分的国际贸易是穿越国界，发生在出口国与进口国的两地区域，壁垒分明；今日各国的生产策略跟海外的发展中经济体紧密联系，也跟其他先进国家息息相关，打破了原先明确的界限。大家的日常用品应该要老实地标示为“全球制造”。凡是新百伦运动鞋、Anagram 气球、戴尔电脑，Boos 松紧蕾丝胸罩，以及苹果公司的 iPad 等，每项产品都使用了在世界各地生产的元件，每项产品也都反映出一种策略，就是要结合不同社会、经济体以及人员的力量来生产一项成品。同样的压力以及同样的竞争对手，难道不会迫使所有企业参与同一场竞赛？当我们把观察焦点放在同一产业、同一领域，以及同一种产品上时，我们发现，各家企业建立了完全不同的组织架构。

无论美国高科技企业目前领先的幅度有多么惊人，这些企业还是不能掉以轻心，认定自己天生就能在创新活动中保持领先。知识领域的竞争程度越来越激烈。例如，在1988～2001年之间，中国、韩国、新加坡与台湾地区等亚洲企业（不包括日本）在美国申请专利的数量比例从低于2%上升到12%。在软件业，以色列与爱尔兰这两个规模非常小的经济体在20世纪80年代还是“科技沙漠”，如今在专利数量、出口金额以及新企业成立数量等方面都已经名列前茅。这些国家发展的速度表明全球化为新进者带来了超乎寻常的机会。先进国家与新兴国家之间的距离仍然遥远，但是在美国创业家的 DNA 中，没有任何一项基因可以保证他们在未来仍能够保持领先。

不管是在低科技产业还是高科技产业，是在洛杉矶、日本东京，还是罗马尼亚蒂米什瓦拉的市中心，我们都无法找出应对全球化的标准规范，只看见许多人努力找出方法，将自己公司的资产、经验与外部资源结合在一起，借此开创新商机，让自己的公司能够在全球经济中竞争。要在全球竞争的环境中胜出，关键是要作出正确选择，而不是要找出单一的最佳运营模式。我们发现，在各种对全球化的误解之中，坚信有单一最佳运营模式是最危险的。

——苏珊·伯杰

发展未来科技，探索企业未来

Five Regions of the Future

Preparing Your Business for Tomorrow's Technology Revolution

原著作者简介

乔尔·巴克（Joel Barker），企业未来学家。在创立“无限有限”顾问公司之前，巴克在明尼苏达科学博物馆任职，这也是他事业的起点。巴克是《未来优势》一书的作者，并且制作了几部相当成功的企业培训影片，包括《发现未来》系列的《典范的商机》以及《愿景的力量》等影片。

斯科特·埃里克森（Scott Erickson），企业未来学家兼布莱斯里瑞奇公司CEO，这是一家儿童行为健康公司。毕业于明尼苏达大学的埃里克森，之前在制药界服务长达15年，并且长年从事企业咨询的工作。

本文编译：陈芬兰

主要内容

关键词解读

未　来

“未来”代表还没发生、将要发生，以及必定会发生的事物。一直以来，人类都试图探索、了解并且计划未来。这样的期望，从柏拉图的《理想国》、亚里士多德的《生命观》、亚当·斯密的《国富论》，到《易经》、《大藏经》、宋明理学等，都可以看到。然而掌握未来谈何容易，即使是企业与科技精英，误判的案例也有很多。前IBM董事长托马斯·沃森就曾在1943年说过一句具有代表性的名言：“全球的个人电脑市场规模大约是5台。”

IBM在20世纪60年代推出第二代电脑之后，人类开始进入急剧变迁的时代，电脑和未来划上等号。然而，到了网络应用普遍化带动的后PC时代，个人电脑产业反过来要为PC找出未来。2000 年 5 月，包括宏碁、台达电子在内的全球 6 家重量级信息企业，与麻省理工学院电脑实验室合作成立“活氧联盟”，希望让“电脑科技可以像氧气一样，不可或缺、无所不在，却又感觉不出它的存在。”同样的，欧盟“信息社会科技计划”也有类似性质的“未来家庭计划”，目标是研发自动化的家庭。值得期待的是，一向苦于代工低毛利的台湾地区科技业，纷纷主动加入“领先科技”的研发，希望能够在为 PC 寻找未来的同时，也能找到台湾地区产业发展的未来。

仿　生

“仿生”就是模仿各种生物的优点，作为创造或改进科技的方法。早在春秋战国时代，就有墨子的木鸢、鲁班的木鹊，而达芬奇对鸟类飞行的观察与模拟更是当今航空科技的起源。“仿生学”从20世纪60年代开始出现，并且广泛应用在工程、物理、病理、生物学和生物物理学等学科，斯坦福大学、麻省理工学院及哈佛大学等名校也都在机械、材料、物理、生物甚至电脑系开设仿生课程。在2005年日本的世界博览会，英、德两国也无独有偶地以仿生学为主题。

台湾地区目前并没有专门的仿生科技研究机构，只有在大学的建筑、化工、材料等院系进行。至于“仿生学”在台湾地区的商业应用，则有依据鳗鱼特性开发出来可减少船舶阻力的特殊船舶漆、人工开发的珍珠粉，以及根据鲨鱼皮特性改进的潜水衣等。首度在台湾地区开设仿生学课程的台湾“清华大学”教授陈楚骧曾经这样表示：“仿生科技是一门师法大自然的学科，在当前最热门的纳米科技、AI人工智能科技、生物医学技术的发展上，都可通过仿生科技的发现指出未来可能的研发方向。”

科技在哪里，机会、生活、教育就往哪里

所谓高科技是不能一概而论的。事实上，如果退一步从整体科技发展的角度来看，就可以很清楚地发现，大多数的新科技都可以划归到下列5个新科技领域中的一个，这5个领域各自有截然不同的明确定义：

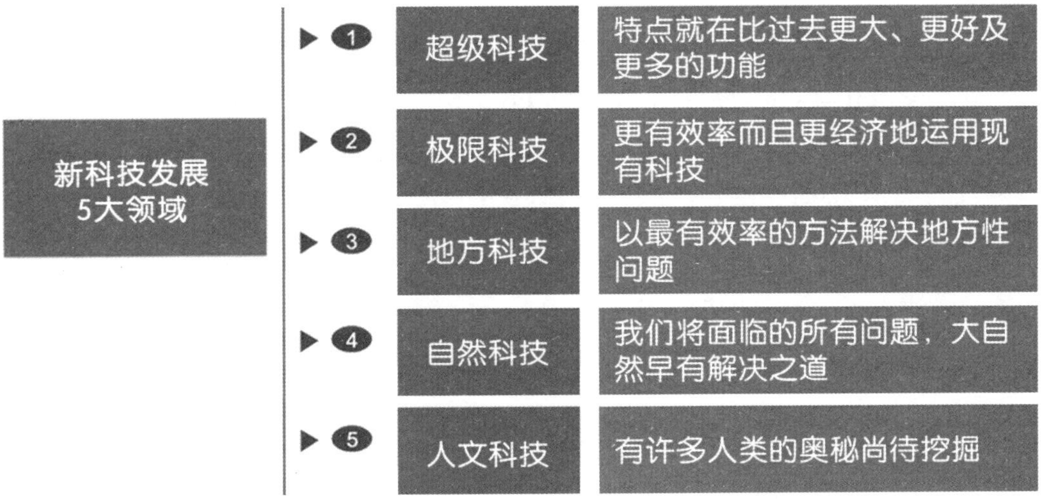

只要能看出每个领域进展的过程，就可以很

准确地看出哪些科技将永久地改变你们的产业生态，并且创造最佳的成长机会。这才是保持领先市场地位、不必老是在后面苦苦追赶的最好方法。

关键思维

身为过去25年来长期研究这个现象的未来学家，我们认为自己已经看到了科技未来5个可能的大走向。每个走向都是受到某些特定科技的强烈驱使，而每个走向也都将为我们展开新商机和新生活的大好契机。不同的国家、地区和群体可以选择不同的发展方向，而每个方向也都蕴藏了许多利于人类的长期利益。然而，影响你我未来走向的选择权利现在却掌握在一小部分人手中。讽刺的是，这些人之中有许多根本弄不清楚自己在做什么。我们认为，把这些关于我们未来走向的讨论和抉择提升到公共议题的层次，这一点是极为重要的。

——乔尔·巴克　斯科特·埃里克森

一　超级科技——越大越好

超级科技就是要追求最大、最炫和最好。超级科技的基调就是要发展“大”的概念，像是巨无霸、超级市场、高速公路和超级电脑。超级科技在美国发展得相当蓬勃，而且总是能吸引媒体广泛报道。总体来说，超级科技是建立在经济会持续增长的理想上的，并且认为只要有足够的时间，经济增长必然能够提升世界上所有人的生活水准。

1. 超级科技的 4 个中心思想

（1）全球性“物质过剩”的时代即将来临——很快地，地球上人人都将摆脱匮乏，因此不必去忧虑资源回收还是资源耗竭等问题。

（2）没有什么问题是科技不能解决的——只

要有足够的时间和金钱就可以了。因此出现任何新问题时，最好的解决之道就是研发新科技。

（3）科学方法永远胜过自然进化——因此等待自然进化根本没道理。主动出击并且开发出未来需要的科技比被动等待要好太多。

（4）如果能够选择，人一定是选择休闲而不是工作——因此任何像机器人这类可以减少人类工作时间、增加自由支配休闲时间的科技就值得开发。

2. 开发中的超级科技产品

（1）用氢或核聚变发电技术制造的燃料电池来取代石化燃料。

（2）开采沥青砂来提炼世界经济活动所需的石油。这种方法提炼出来的石油产量比已知的所有石油蕴藏量还要多。

（3）从海底开采天然气水合物，制造能够满足全球能源需求的燃料。

（4）能够取代活生生动物的机器宠物。

（5）由机器操控的无人驾驶车辆，可以不需要驾驶就把任何人载到任何想到达的地点。

（6）穿戴型机器装甲。护士可以用来抬起体重较重的病人，战场上的士兵也可以用来加强体力和耐力。

（7）蚂蚁般大小的微型机器人。可以在厂房内各处游走，进行检查与维修的工作。

（8）家用行动机器人。可以执行割草、清洗地毯、保安等工作。

（9）在大型鱼池里养殖鱼类，而不必出海到天然栖息地捕鱼（这些鱼类经过基因改造，可以加快生长速度）。

（10）开发新配方的杀虫剂和除草剂，可以控制杂草的生长和减少虫害。

（11）建造更大（如空中巴士 A380）和更快（如协和号）的飞机。或是运用超音速科技，让飞机能够以时速 8000 千米的速度航行，这样的速度足够让人在两个小时以内到达地球上任何地方。

（12）可以适应各种地形的大型休旅车，尽管其耗油量相当大。还有速度更快、马力更强的轿车。

（13）全天候待命的航班和空中出租车，随时可以飞到任何你想去的地方，不必依照航空公司的固定航班。

（14）私人出资的太空船。

（15）全世界的人都负担得起的平价个人电脑、移动电话、宽频网络服务，以及可以随时随地和任何人联系的能力。

（16）可以搭建在任何港口，并且容纳得下百万人口的大型水上城市。

（17）利用小行星或月球表面上取得的建材，在太空建立人类聚居地。

（18）使用反物质燃料推进系统推进的太空运载工具，进行火星和其他星球的探测。

（19）制造人工器官，帮助那些失去视觉、听觉、肾脏和心肺功能的病人。

（20）仿生肢体，让病人可以通过“脑机界面”，用意念操控假肢执行复杂的动作。

（21）小型机器人装置，可以协助外科医师执行人体手术中精密的部分。这些机器人装置甚至可能被纳米机器人取代。纳米机器人可以被注入血液之中，执行人体修复的工作并维护人体健康。

3. 影响超级科技发展的代表人物

（1）赫尔曼·卡恩——物理学家以及《公元2000年：推测的结构》、《未来200年》和《即将来临之繁荣》等书的作者。卡恩触及的议题相当广泛，包括能源、污染、城市化和人口增长等。

（2）理查德·巴克敏斯特·富勒——测地线拱顶（利用五角形为基础结构的圆拱型建筑方案）的发明人，并且让大家认识了“地球太空船”一词。富勒主张，应该以眼光远大的做法解决居住、能源短缺以及其他人类面临的问题。

（3）朱利安·西蒙——现为马里兰大学企业管理学教授。西蒙在其著作《终极资源 2》中，驳斥了人口膨胀将导致资源有匮乏风险的论点。西蒙预测，由于新科技的发展，未来所有原材料的价格将会更便宜。并且西蒙认为人口增长是有利的，因为这会大大提高更多爱因斯坦和贝多芬出现的机会。

（4）杰拉德·奥尼尔——普林斯顿大学物理学家，以及《高耸的边疆》一书作者。奥尼尔主张在外太空建立聚居地，利用聚居地完美的生长条件，种植足以供养全球人口的粮食。

（5）厄尔·约瑟夫——任职于斯佩里-通用自动计算机公司的电脑科学家。约瑟夫预测，由于电脑运算速度和处理效率大幅增强，在未来很可能会出现智能型家电、住宅、工厂、车辆和“硅专业人士”——装在芯片上的医生、经理人、药剂师、律师等。

（6）比约恩·隆堡——《多疑的环境保护论者》作者。隆堡主张，超级科技已经大幅改善包括自然界在内人类所处的世界，而且改进的速度在未来只会更快而不会减缓。

二　极限科技——效率即是美

极限科技主张地球有先天的极限，一旦人类社会的发展超过了自然的限度，大自然迟早会展开激烈的反扑。因此，我们应该致力于开发新的工具和科技，让我们在拥有优质生活的同时，不会破坏自然的极限。极限科技认为，我们应该时时探讨新科技和新行为模式所可能造成的长期后果。

1. 极限科技的4个中心思想

（1）地球资源即将匮乏——因为世界上所有最容易开采的资源都已经消耗殆尽。因此，我们必须珍惜目前拥有的一切。

（2）科学只能带来短期的利益，但是却会造成长期的灾难——而眼前的成长绝对不值得用长期的代价来换取。

(3) 大自然是最有智慧的——因为经过 20 亿年的调整，地球环境已经处于最佳的状态，一切已经准备就绪。所以无论动机多么良善，或是做再多的努力，人类的行为都会破坏大自然的秩序。

(4) 人类在未来必须非常努力，才能再存活超过 1000 年——因此我们的任何规划都应该保护、爱惜大自然。

2. 开发中的极限科技产品

(1) 用比较省电的日光灯取代传统的白炽灯。

(2) 在房间安装用无毒材料制成的隔热设备，可以一年四季有效率地调节室内温、湿度。

(3) 将新的绝缘材料气凝胶运用在冰箱、汽车和房间里，大幅减少热能和声能的流失。

(4) 超导体电缆线。这种电缆线可以解决传统高压电线会流失 10%～15%电力的问题。

（5）利用发光二极管替代传统照明设备，可以减少90％的能源需求（全球有大约30％的电力是用在照明上）。

（6）将废轮胎、废电脑、有机废弃物等各种废弃物转化为可燃瓦斯、燃油和矿物，以供制造业使用。

（7）广泛运用节育技术，以达到人口零增长。

（8）把高能效、低排放的油电混合技术应用在汽车上。

（9）用高速的火车和设计更精良的轨道，提高火车大众运输的效率。

（10）电子虚拟旅游让我们可以坐在家中，通过电视屏幕体验远程的旅游乐趣。

（11）更小、更节省能源的住宅。

（12）更优异的信息储存科技，减少办公和商业上的用纸量。

（13）设计更容易回收的新式汽车和其他

产品。

（14）用碳纤维取代铝和其他金属材料来制造消费性产品。

（15）用某一产业的废弃物来制造另一个产业的产品。

（16）开发新科技，增加已经铺设的光纤电缆所能传输的信号量。

（17）电子书取代纸质书。

（18）可以监测环境并且满足发展中国家通讯需求的小型通讯卫星。

（19）用辐射线照射食物，让食物既不会腐坏，也不会被害虫啃食。

（20）使用卫星定位系统科技，找出农场可供农耕土壤的精确位置，借此达到粮食的最适生产效率，并且排除肥料、杀虫剂和除草剂的使用。

（21）更广泛地实施预防疾病的疫苗接种。

（22）鼓励大家食用多样化的食物，降低动物性蛋白质的摄取量。

（23）限制抗生素的使用，减少细菌产生抗药性的机会。

（24）运用精密的电脑模拟技术，预测新产品、新政策和新概念会对自然环境造成的影响。

3. 影响极限科技发展的代表人物

（1）蕾切尔·卡逊——《寂静的春天》一书作者，这本书强调 DDT 杀虫剂对鸟类和环境的冲击。卡逊女士的著作着重在描述一些看似简单方便的科技解决方案可能造成的长期负面影响。

（2）保罗·埃尔利希——埃尔利希在自己的著作《人口爆炸》中主张地球有最适人口数的限制，因此不应放任人口过度增长。埃尔利希是人口零增长的主要拥护者。

（3）加勒特·哈丁——在 1968 年发表的论文《公地悲剧》中，哈丁描述了国家与国家间环境需求必须取得平衡的重要性。

（4）德内拉·梅多斯和丹尼斯·梅多斯——

《增长的极限》一书作者，这本书挑战地球资源用之不竭的假设，并且预测食物短缺、水源短缺、能源成本上涨和自然资源枯竭的可能性。

（5）丹尼尔·奎因——著有《大猩猩对话录》和《B的故事》两本小说。这两本书都在反思人类轻率地伤害大自然的各种行为。

（6）斯图尔特·皮姆——《皮姆眼中的世界》一书作者。书中深入探讨自然界的现状，并且提出人类已经在许多方面压迫或者逾越自然界限的结论。

（7）艾默里·洛文斯——落基山研究中心的创办人。洛文斯主张，节约能源比兴建新电厂更能够让电力公司获利的看法。洛文斯也推动了超级汽车这种高能效未来车的设计。

三　地方科技——小和因地制宜即是美

地方科技主张的原则是，地方自行处理各项事务就是最合理的经济生活方式。这类型的科技让社区可以用小而更有效率的规模来处理各项事务，而不是不假思索地认定所有问题都采用全国一致的解决方法。地方科技就是要追求经济上的自给自足，同时能够配合使用者与环境的需要。

1. 地方科技的4个中心思想

（1）世界上的资源足够每个人使用——因此我们在生活的各个基本方面都应该要自给自足。

（2）科学和科技基本上是对人类有利的——只要发展的规模适当，科学和科技都能够带给使用者便利，并且不会破坏地球的环境。

（3）人类负有照顾大自然的责任——因此我

们有责任调整社会的生活方式，不去破坏所有生命在地球长期生存的环境。

（4）工作对人类尊严是很重要的——因此社会的每一分子都应该通过自己的工作对社会作出有意义的贡献。

2. **开发中的地方科技产品**

（1）应该使用再生能源生产足供社区使用的电力——可以利用风车、波浪动力、太阳能板、小型水力发电站，或是设置太阳能烟囱来利用暖空气流。

（2）住宅的兴建应该基于社区本身的需求、环境条件和居民的喜好。这表示房舍盖在地面下，才可能有比较好的保暖或降温效果；或者也可能在筑墙时舍弃传统建材，而改用夯土、利用填叠方式砌墙的薪材、黏土甚至稻草。除此之外，因为建筑方式非常简单，房主和亲朋好友及家人都有能力协助兴建，大大降低了建筑成本。

（3）在某些地区可以运用捕雾网开发水源——

捕雾网可以从浓浓的雾气中萃取足够的湿气，以满足地方用水的需求。

（4）目前正在开发结合了踏板和小型电动马达的混合式自行车，使用者可以骑这种自行车往返于住家附近的区域。这种运输模式还可以视情况利用直排轮、帆船或者是赛格威电动车之类的个人交通运载工具来搭配使用。至于比较长途的运输，许多地区现在都在建造轻轨运输系统。为了满足地区之间的高吨位运输，目前也在研发利用碳纤维当骨架并且使用氢气充气提升飞船升力的新一代轻型飞船。上述所有运输形式设计的目的一方面是为了不破坏大自然，另一方面也可以享有经济实惠的运输成本。

（5）目前在开发使用微型燃料电池来取代充电电池的移动电话。这些微型燃料电池能够像打火机一样补充燃料，而且酒精在当地就可以生产。燃料电池的大小就跟传统手电筒的干电池差不多，而且不用到处找插座充电。

（6）还有人在设计开发可以停留在空中好几年的太阳能飞船。这种飞船可以作为通讯传输的平台，比人造卫星更方便使用。

（7）也有人在设计新一代的无水马桶。这种马桶可以让家庭废水在房子里就转化成堆肥和肥料，不必再经过大型污水处理设施。

（8）科学家正在研发立体石版印刷机的原型。立体石版印刷机制造产品的方法，是把原料逐层地加工制成产品。这种机器将使得桌上生产不再只是梦想。桌上生产可以把过去一些必须在大型工厂制造的产品改由小型的地方工厂生产。

（9）从某种程度上来说，医疗保健正由大型医院回归到地方社区。有越来越多助产士接受训练，提供妇女和婴幼儿基层医疗照护。大家将来只有在必要时才去医疗中心就诊，而不是动不动就上大医院。目前也开发出越来越多地区型的医疗保健方案。

3. 影响地方科技发展的代表人物

（1）E. F. 舒马赫——前罗德学者，曾经担任英国政府的经济顾问。E. F. 舒马赫在1977年辞世之前，发表了许多关于地方科技的重要论文。

（2）莱斯特·布朗——世界观察研究中心创办人。世界观察研究中心每年出版名为《世界现状》的报告。全世界许多政府的政策制定者都会参考这份报告。布朗也著有多本著作，包括《拯救我们的星球》、《打造一个可持续发展的社会》和《生态经济》。

（3）海瑟·亨德森——未来学家、供稿专栏作家和可持续发展顾问。亨德森提出一系列的经济指标，用来评估会影响环境和经济可持续发展的重要因素。亨德森也曾经出版多本著作：《打造双赢》、《创造另类未来》、《太阳能时代政治学》和《进展中的典范》。

（4）大卫·莫里斯——作家兼地方自治协会

副会长。莫里斯倡议发展独立的地方社区、汽电共生发电和创设完全自给自足的社区。莫里斯著有数本书籍和报告，包括《碳水化合物经济》和《贸易报告》。

（5）德内拉·梅多斯——环境科学家、作家和可持续协会创办人。梅多斯 1972 年出版的《增长的极限》一书被视为地方科技的代表作之一。梅多斯在 2001 年辞世前，居住在为了倡导可持续生活形态而设立的生态村中。

四　自然科技——自然即是美

建构自然科技概念的前提是，对于所有在未来会碰到的问题，大自然都已经有了解决之道。凭借基因剪接和DNA操作等科技，人类能够运用大自然现有的生物元件开发出对自身有益的新产品。远在人类之前，自然界就已经有了解决之道，而我们所要做的就是好好地利用大自然的方法。

1. 自然科技的4个中心思想

（1）人类社会产生的任何问题的解决之道就存在于自然界中——而我们只需效仿大自然运作的方式，就足以满足需求。

（2）科学的工作就是要找出大自然已经给我们的答案——只要下足工夫去寻找，然后调整潜在解决方案，以应用于各种特定的情况。

（3）人类应该和大自然维持平等的伙伴关系——因此，我们应该和自然通力合作，找出对人类和所有生物都有益处的解决方案。

（4）人类社会主要的目标应该是设法和大自然和平共存——而不去使用那些会改变人类和地球关系的科技。

2. 开发中的自然科技产品

（1）绿藻在光合作用下就会产生氢气，目前有人研究绿藻的DNA，以找出增加氢气产量的方法。一般认为植物目前的氢气产量不及真正产能的15％。如果能够提高产量，利用这种方法生产的氢气就可以为世界各地提供零污染的燃料。

（2）目前正在研发一种新酵素，能够让玉米穗轴等废弃物发酵并转化成酒精，由此制造出来的酒精可以广泛应用于生产各式各样的衍生产品。

（3）研究人员现在正在研发能够把蔗糖直接转化为电力的生物燃料电池。

（4）科学家正密切地观察一些会发热的植物，这些植物产生的多余热量正是冬季室内保暖的绝佳方法。而这些经过生物科技改良的植物还可以改良成在冬季开花，以满足人类对热能的需求。

（5）研究人员正在用杂交棉花的方式创造出各种天然的有色纤维，使棉絮不必再经过染色或是其他加工处理。

（6）生物科技学家目前正在研发几种细胞，这些细胞能够制造比任何人工材料更轻、更坚固的新材料。

（7）目前有人正在研发能效更高的塑胶生产方式。实验室现正制造生物可降解的塑胶以及其他同样精密的材料。

（8）有人凭借分析贻贝附着在岩石、油管和船身上的方法，研发新的生物胶。

（9）研究人员正在研究一种生活在南极洲的海绵。这种海绵含有类似光纤的纤维构造，只要在海水中便具有传递光的能力。这项研究对于改进遇水即坏的人造光纤电缆来说非常有用。

（10）研究人员发现一种名为阳遂足的海星，它身上会长出类似微小镜片的组织，光学效果比任何人造镜片都要好。这项科技有望很快就能够广泛应用。

（11）研究人员已经证实，树木可以通过释放空气传播的化学物质，向邻近的树木传达危急信号。科学家现正探讨这种自然而精密的通讯科技，期望能借此提升以其他方式传递信息的通讯科技。

（12）医药是自然科技的强项。自从青霉素被发现并且问世以来，各家药厂都持续不断地在分析各种天然化合物。研究人员现正研究可以制造出不同种类新抗生素的缩氨酸、治疗骨髓炎比抗生素有效的蛆、比任何人造唧筒能更有效消除移植手术后坏血的水蛭，以及能够清除堆积在人体动脉里蛋白质的虫。

（13）目前正在通过基因改造，让乳牛只能够分泌含有人类生长激素的乳汁。

（14）现在正在研发的 DNA 电脑处理器有可能掀起电脑产业的另一波革命。

（15）科学家此刻正在研发能够用生物技术制造精密纳米结构的科技，这几乎对所有制造业的未来都将产生深远的影响。

3. 影响自然科技发展的代表人物

（1）詹姆斯·沃森与弗朗西斯·克里克——两人在 1954 年发现了 DNA 的双股螺旋结构。沃森和克里克结合了莫里斯·威尔金斯以及罗莎琳德·富兰克林的成果，让人类有机会考虑改变大自然运作的方式以造福人类。

（2）詹姆斯·洛夫洛克与林恩·马古利斯——两人认为地球是有生命的有机体，并且为生命创造了一个稳定环境。身为生物学家的洛夫洛克和身为微生物学家的马古利斯倡议，地球上106个生态系统都是地球这个超级有机体的一部分。从洛夫洛克与马古利斯的观点来看，进步的关键在于合作而不是竞争。

（3）迈克尔·罗斯柴尔德——《生态经济学——经济学的生态特性》一书作者，这本书认为人类任何违反生态原则的行为会造成严重的经济失误。

（4）威廉·麦唐纳与迈克尔·布朗嘉——《从摇篮到摇篮》一书作者，这是一本叙述人类可以怎样和大自然互动的著作。麦唐纳是建筑师，在他的诸多建筑作品中，曾经为福特汽车公司设计了一座用植物覆盖住整个屋顶的装配厂，这样的设计不仅可以让建筑物保持凉爽，同时还可以收集雨水，把雨水净化之后作为制造用水的水源。这样的设计正是人类和大自然共存，并且利用这种关系创造双赢的绝佳例子。

（5）珍妮·班娜斯——《人类的出路：探寻

生物模拟的奥妙》一书作者。班娜斯宣扬仿效和采取自然界已经可以找到的方法去解决人类的问题。班娜斯并且充分解说了生物多样性的重要性，以及我们可以从每个有机体的演化过程中学到的知识。

五　人文科技——人即是美

人文科技主张，人类潜能的开发目前仅止于表层。如果能找出更好的方法来了解人体构造和思考模式，我们就能够充分运用这个世界上现存最复杂的有机体。人类生理和心智潜能着实是无穷无尽的，只要我们能够找出更好的方法更深入地开发这些潜能，人类就能再向前迈进。

1. 人文科技的4个中心思想

（1）人类真正的需求不在物质层面——反而是系于我们内心的希望、梦想、人际关系和目标。

（2）科学现在才正开始学习怎么评估人类的潜能——所以个人和人类全体现在都可以开始学习要怎么样才能有更好的思考、行动和互动。

（3）每个人都有不可思议的潜能——我们只要去学习该怎样在未来更有效率地运用这些能力。

（4）社会的真正作用是协助人类了解自己——因为只有当我们了解自己的所有能力时，才会真正认清自己实际的潜能。

2. 开发中的人文科技产品

（1）医学过去都用尿液和血液的分析评估人体健康状况。研究人员现在发现，耳垢能够显示罹患癌症的风险、泪液中包含了重要的化学信息，而信息素（人体自然散发出来的气味分子）带有非常复杂的健康信息。随着我们评估这些化合物的能力增强，就可能找出某些重要的健康指标和预警系统。

（2）目前的研究发现，母乳的人工替代品没有办法跟母乳一样有效地保护幼儿，使幼儿免于受到病菌的侵害。

（3）基因疗法也正在快速发展。现在已经可以为剧烈胸痛的病人注射人类基因物质，促进新血管生成，让血液可以绕过受损的动脉。

（4）医疗研究人员目前已经发现，配合自然的生物节奏来投药，能够产生最好的疗效。也就是说当药效充分发挥时，可以减少有毒药品的剂量。

（5）干细胞再生医学引发了大量的议论。然而在争议声中，其实展现出一个可能很快就可以实现的希望，那就是能够培养出可以移植到人体的新器官，并用来取代衰竭的器官。

（6）研究人员正在研究所谓的“安慰剂效应”，就是病人在服用了以为是药物的糖锭之后，却真的产生疗效的现象。我们希望在进一步了解这种现象之后，能够让医生未来的医疗行为有更好的效果。

（7）有人正在仔细地研究一些人类在被催眠时才会展现出来的能力。这些探讨人类思想和能力范围之间关联性的实验具有深远的意义和潜在的用处。

（8）孟加拉首创的小额贷款也是人文科技的一个实例。这些金额非常低的贷款可以让穷人做些小生意，赚取家用。这种贷款通常不超过12美元，然而却能够从此彻底改变第三世界居民的生活。

（9）团队合作是另一个人文科技的例子。每个成功的文化都有自己特有的团队合作模式。多年来，各界已经投入了大量的时间和精力在管理上，试图找出最好的团队合作模式。最近这番努力包括广泛地使用通讯科技，至于其他方法仍在不断研究之中。

（10）市面上已经有无数关于领导力的书籍。各界正广泛地分析研究领导力的各项基本要素，以及有哪些更好的方法可以培养领导人才。关于领导这个议题的人文科技，已经累积了相当多的衍生商品。

3. 影响人文科技发展的代表人物

（1）埃尔默·格林——门宁格研究中心的研究员，出版过《超越生物反馈》一书。书中详细描述一位瑜伽大师用意念自由操控心脏停止和再度跳动的能力。

（2）托马斯·布沙尔——明尼苏达大学研究员，曾经研究一对刚出生就分开在两地成长的双胞胎。研究结果显示，先天特质对人的影响远超过后天的文化因素。

（3）弗朗兹·哈尔贝格——同样是明尼苏达大学的研究员，专门研究生理时钟和昼夜节奏如何影响人的表现。

（4）兰迪·桑希尔——墨西哥大学研究员。桑希尔阐述并且评估人类五官及肢体对称和异性吸引力之间有什么关联。研究结果显示，人类有许多能力看来是与生俱来，而不是后天养成的。

（5）詹姆斯·汤姆森——威斯康星大学医学院教授。汤姆森是第一个分离并培养出人类胚胎干细胞的人。尽管人类胚胎干细胞培养引起许多争议和伦理上的疑虑，但是没有人质疑干细胞研发成果未来的潜力。

（6）马丁·塞利格曼——《学习乐观》一书作者。本书证明乐观者的成就会远超过悲观者。此外，乐观是可以主动学习的，而不纯粹是先天决定的。

（7）爱德华兹·戴明——“全面品质运动和全面品质技术之父”。戴明的学说已经发展成管理思想的主流。全面品质的中心思想就是要让人类在所有生产技术领域都能够运用这项管理技术，以提高工作效率。

（8）彼得·德鲁克——长久以来被誉为“现代企业管理思想之父”。德鲁克出版多本著作，探讨不同规模和不同架构的企业要怎么构建有效的管理机制。德鲁克把过去被视为是天赋的管理技巧系统化，彻底改变了企业经营的方式。

六　5 大领域的应用架构

随着越来越多科学上的新发现出现，我们可以很清楚地看见，人类居住和工作的环境已经有了许多深刻的改变。人类可以用来解决问题的方法超过了人类想要解决的问题，这种情况可是有史以来第一次发生。同样的，由人为因素，而不是像过去完全通过自然演化构建出来的新地球生态系统，也是人类史上首次出现。这个改变的结果促使了全新典范的诞生。不论是想让自己的组织处在具有优势的地位，还是要决定投资哪些新科技，一定都得谨记未来科技的 5 大领域。掌握了这些信息，你就可以勾勒出自己发展的目标，而不会被自己无法直接掌控的事件所主宰。

从商业的观点来看，要涉足未来 5 大科技领域的好方法是，试着投资对这5个科技领域都同样重要的通用技术。例如，这5个领域都会因为不同的目的而使用网络。这些通用技术可以作为你业务成长的广泛基础。

目前已经有为数不少的通用技术问世，这些正在持续成长的通用技术包括下列几项：

（1）气凝胶——一种效率非常高的绝缘材料，是把空气填充进质量非常轻的材料中制作而成。

（2）热解聚工艺——一种把碳基废弃物转化为气态或液态燃料的化学工艺。

（3）电脑——从超级电脑一路缩小到DNA电脑。

（4）时间生物学——这项科学专门研究人体各种按照时间运作的模式。

（5）立体平版印刷工艺——由下而上依序堆叠塑胶、金属或其他材料的薄片，制造出完整的立体实物。

（6）使用氢来当作燃料——因为氢和氧燃烧后所产生的主要废弃物是水，而不是污染大气的物质。

（7）全息摄影技术——静态或动态的三维空间影像储存与播放的技术。

（8）微实验室芯片——可以同时进行数千项检验，而不是一次只能进行一项检验。

（9）纳米管——能够导电的碳基纤维。纳米管的重量非常轻，却比传统的材质要强韧好几倍。

（10）太空卫星——绕着地球轨道运行、而且有各种不同大小体积的装置。可以用在通讯、观测地球，甚至是居住及太空探索等用途上。

（11）电脑模拟——具有制作物品的电脑模型及虚拟影像的能力。

（12）电子书——不必经过传统的印刷程序就能够展示无数的文字和图片。

以上这些通用技术，再加上生物科技和纳米

科技，都将成为5大科技领域新产品的基础。因此，这些通用技术还可以输赢通吃——不论5大科技领域最后是哪一个领域胜出，这些通用技术都将蓬勃发展。

在思考新科技的5大领域时，应该谨记下列几项关键：

（1）要研发出5大领域科技全部运用得到的混合科技是不可能的——因为如果把不同领域的科技整合在一项产品里，这些科技在某种程度上是会互相排斥的，但新的研究计划反而应该尽可能结合5大科技领域里的不同因素。例如，新的建筑计划可以结合极限、地方、自然和人文科技的不同产品，创造出让大家乐于居住的可持续环境。当然，要到外太空建立聚居地，或是要开采小行星上发现的宝藏，就非使用超级科技不可了。

（2）每项新科技都一定会有某些后遗症——而且有时要在投入了大量资源的许多年之后，才可能发现这些后果。汽车行业就是这个现象的典型例证。汽车当初开始取代马匹作为交通工具时，根本没有人想到，在未来会需要范围辽阔的高速公路，而政府为了公众利益，就会向土地所有者征收土地。同时也没有任何人想到，汽车竟然会成为主要的污染源。石油需求的大量增加使得我们必须建造大型的输送网络，这包括有时因为搁浅漏油而造成污染的大型油轮。为了寻求石油的供给，使得各国之间形成了各种不同的关系、造成了国家结盟，也使得国家必须整备海军和空军的武力来捍卫石油供应链。同样的，汽车的问世也导致街角杂货店消失，以及大型超级市场和卖场崛起；大家现在也可以到离家很远的地方找工作。在亨利·福特努力推出第一辆T型车时，汽车对现代社会造成的深远影响是没有人可以想象得到的。

（3）任何一项成功的新科技都会有排他性——这表示即使其他科技也有各自的优点，但是最后只会有一项科技可以领先群雄。再以汽车行业为例，在市场上原先有4种不同的动力相互竞争：蒸气引擎、电动车、柴油引擎和汽油引擎。当亨利·福特选用了汽油引擎作为T型汽车的动力来源之后，大量资金开始投入到汽油引擎科技的研发和基础建设中，同时对其他种类引擎的投资也就逐渐趋缓。在几年之内产生了一种良性循环，那就是任何想要开发新车的人如果不选用汽油引擎，就显得相当不明智。在电脑软件、微处理器芯片甚至咖啡店都可以看见同样的发展模式。成功会带来更多的成功，市场领先者会吸引更多的资金投入。相同的情况未来也会发生在这5大科技领域，如果科学家成功地研发核聚变反应堆，那么市场对风力、波浪甚至水力发电的兴趣可能就会降低。同样的，如果消费者已经可以取得大量廉价的能源，又有谁会在乎住宅应该怎样改善隔热效果？如果在一开始作决定的时候没有经过公开的讨论，那么由于排他性，最后主导市场的可能就不是大家公认最好的科技，而是次等的科技。

（4）在两个领域重叠的通用部分，往往能够找到最好的商机——也就是说利用既有的概念，充分运用新的科技环境。这种混合不同领域里最佳构想的伙伴关系，很可能就是未来最佳创意点子的源头。要知道，大自然20多亿年来就是在做同样一件事。

（5）我们提出的5大科技领域架构提供了理性公开讨论的基础——讨论国家的能源和自然资源应该集中发展哪个领域的科技。到目前为止，还没有一个国家完全专注地朝单一领域发展。美国和日本倾向于发展超级科技，而丹麦是朝向地方科技发展最具成效的国家；至于其他国家自然也会偏好某个领域的科技。然而重点在于，国家必须更主动而且系统地发展科技，而不是为了大小通吃，就试着在每个领域都插上一脚。只有专注于发展特定领域科技的国家，才能站在领先群雄的浪头上。科技一直是社会发展的一大力量，我们没有理由认为科技在未来不会再对社会发展产生重大影响。

关键思维

现代科技就像是养在小公寓里的大丹犬。

——罗伯特·普尔，自由科学作家

极度先进的科技简直就跟魔术没有两样。

——亚瑟·查尔斯·克拉克，科幻小说家

量入为出虽然可能单调乏味，却也文明得多。

——奥斯卡·王尔德，爱尔兰剧作家

未来与过去的种种和我们的内心世界比较起来，全都显得微不足道。

——拉尔夫·沃尔多·爱默生，美国思想家

大自然对每个问题都自有解决之道。

——ADM 公司，美国最大的农畜公司

文明的极致就是返璞归真。

——杰西·桑普特，诗人

每个科技生态的从业人员都认为，自己的科技可以为全人类带来最理想的生活形态，而且在世界上大多数人眼里，这种生活形态有如乌托邦的理想境界。所以选择要生活在哪种科技生态和要利用哪种科技生态来促进你的公司发展，你选择的不是更好的生活，而是一种生活方式。未来10年内所作的决定，很可能会直接引导接下来数百年的生活。

——乔尔·巴克　斯科特·埃里克森

动量方程式

破解企业数字竞争力

Momentum

How Companies
Become Unstoppable Market Force

原著作者简介

罗恩·里奇（Ron Ricci），毕业于费尔菲尔德大学与北卡罗来纳大学，曾主持康宁汉传播公司，并担任多家企业的顾问工作。里奇现为思科公司企业定位副总裁，擅长为科技公司提供市场定位策略。

约翰·福克曼（John Volkmann），毕业于威斯康星大学与达特茅斯学院，曾服务于Citigate Cunningham与E&J Gallo Winery。福克曼现为美国超微公司策略传播副总裁，负责拟定超微公司的定位与发展及其他相关性策略。

本文编译：刘启昌

主要内容

5分钟摘要

数字市场的终极竞争优势

在数字商品市场，消费者的购买决策是依据企业可持续提供产品或服务的能力，消费者不会购买那些在未来无法升级的产品，或在新技术推出时无法延续的服务。因此消费者会毫不犹豫地向最可能主导市场的公司购买产品或服务。换句话说，就是向那些市场“动量”够强的公司购买。

事实上，只有具备动量冲力的公司才能答复下列 3 项关键问题：

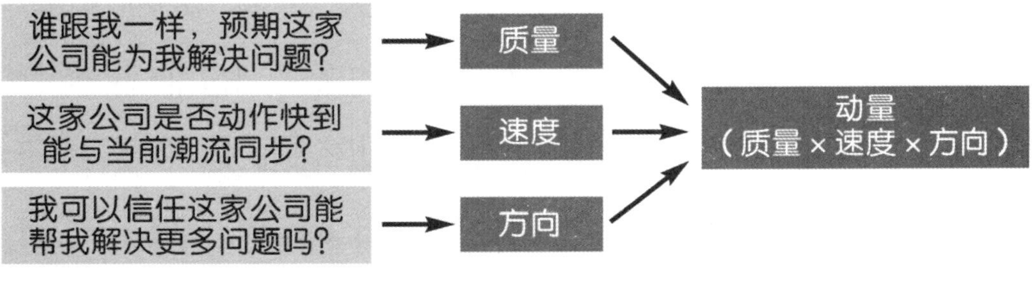

为进一步地了解“动量”的作用，我们展开

了一项针对超过两万名消费者及企业采购负责人的密集分析。最后这项研究找出“动量”形成的6大“数字差异力”及“相对权重”。按各自权重，这6大力量依次为：

（1）企业价值主张的相关力——质量——28%。

（2）生态系统的潜力——质量——20%。

（3）品类的领导力——质量——18%。

（4）品牌的整合力——方向——17%。

（5）愿景的经营力——方向——9%。

（6）市场的反应力——速度——8%。

其实现今企业领导者的主要挑战并不复杂，不外乎就是“构建”与“保持”企业的动量。任何企业若能将“动量”发挥到极致，不仅可以为公司带来数百万甚至数十亿美元的总市场价值，还可能主宰整个产业。凡具“动量”的企业会成为无可限量的市场主宰者，其他企业几乎无插手或染指其顾客的机会。此动量方程式可谓数字市场的终极竞争优势。

引　言

自20世纪90年代晚期，大量数字产品与服务推出后，“动量”才开始成为企业重要课题。在这之前，我们都是以产品能做什么区别产品，但之后的数字产品与服务则是以人们如何使用这些产品来呈现产品间的差异。而且这项事实已经提升了“动量”对企业的重要性。

在广义的经济领域中发生的3个阶段的演化过程，使得消费者在购买行为上的数字化心态日趋成熟。这3个阶段的市场演化分别为：

（1）形象市场年代（1960～1970年）：在这个年代，事事崇尚品牌形象。企业营销商品的方式是强调“与消费者互动良好的产品经验是未来继续购买的理由”。此时，品牌就变得格外重要。

因为消费者买的是品牌所创造的形象，品牌价值就是企业市场价值的主要来源。

（2）产品市场年代（1980～1990年）：在第二个年代中，数字产品与服务开始普及大众市场。大家在选择产品时讲究的是产品特点。企业对消费者的营销诉求是“现在”。通过深入的营销专业技术驱动市场价值，广告宣传新的、改良的产品特点则成为这个年代主要的商业活动。

（3）创意市场年代（1999年后）：在这个最近的年代，人们选择产品的方式开始以“未来能做什么”而非“现在能做什么”为依据。现今营销主要专注于数字产品与服务如何改变商业流程，及其如何融入消费者的生活形态。事实上，“创意市场年代”的到来已把消费者转变成“科技决策者”。网络与其他通讯产品及服务的普及更强化了这项转变，因为现在大家可以每天散播个人的想法与喜好。当新科技越来越普及时，未来可成就更多事的情形是指日可待的。

这样接连不断的市场演化过程多半是由数字产品与服务的出现所驱动，而数字产品与服务有两种与过去“类比式”产品与服务不同的特质：

1. **数字产品永无终结**

消费者买车多半打算几年后就换掉。相反，大家购买数字产品时，则期望同款新一代产品推出时仍能升级。除此之外，大家更希望产品具有逆向相容性，能把现有产品收集、储存的资料转移至下一代产品继续使用。

2. **数字产品永不孤单**

某人买剃须刀时，他绝对确认这把剃须刀适用于所有刀片及任何种类的剃须膏。这与数字产品和服务的购买态度恰好相反，购买者势必得先评估这项新产品是否能与其他现有数字设备成功兼容。一般消费者对各种科技的相互整合能力早有相当程度的了解，所以除非能与消费者既有装置的其他元件高度兼容，否则这项数字新产品将不具任何价值。由于数字产品与服务有这两项特质，“动量”现已成为“创意市场年代”中企业的关键原则。具有动量优势的公司，即使身处产业一连串价值转换之际，也能安然度过。而企业拥有动量的多寡和其市场价值是直接相关的，所以企业最紧要的工作就是打造并维持动量。

关键思维

在思科的某次员工大会上，CEO 约翰·钱伯斯提及当前公司要务时，说道：“时时都具有最大影响力的可能就是一家杰出企业。”同时告诉员工：“一旦思科无法解决顾客的最大问题时，就永远无法成为杰出企业。”这句话最重要的意义是要为消费者解决各项问题，例如特别是支援性产品与营销策略的开发，二者同样是具有挑战性的重大问题。当然，这也并非易事。在“形象市场年代”，品牌无法“买到”消费者心中对产品的定位，而在“创意市场年代”却可以，因为此时产品是针对顾客需求量身打造的。在市场早期绝对伏特加的品牌建立，甚至在产品上市前就以广告形象存在于消费者脑中。但在“创意市场年代”，产品必须拥有某种生态系统潜力与品类领导力的组合能力，才能为面临无数选择的购买者提出因差异化而产生的相关价值，这才是令人信服的主张。

从直觉上说，“动量”就像一家企业应具备的东西。不过，这个词一般都是用来形容股票、政客及运动团队成功的门槛，一旦越过此门槛，似乎就成功在望了。

——罗恩·里奇　约翰·福克曼

一 组成要件 1——质量

此处，“质量”是指为顾客、合作伙伴、供应商、员工及投资者创造市场价值的能力。具有“质量”的产品或服务通常拥有以其为中心的周边小型生态系统，形成此系统的基础是为其他参与者创造更多附加价值。

为打造质量，企业必须经营 3 项差异力：

（1）企业价值主张与顾客间的相关力。

（2）协助其他公司的赚钱能力。

（3）在所处产业的主导能力。

消费者倾向于列两项要件，作为评断数字产品与服务优劣的基础：

（1）这项产品或服务的表现是否达到预期的标准或是否名副其实？

（2）产品或服务未来的可信度——是否有大规模周边设备开发的合作伙伴，以及未来重大发展的可能性是什么？

换言之，在高度竞争的数字市场，进入价格就是市场的实力。产品若不能名副其实，自然就吸引不了任何使用者。然而，市场总有为数不少且实力相当的产品，如此一来，企业的未来可信度就极为重要。所以，最具吸引力的产品，总是那些能在未来为自己打造竞争地位的产品，而具有最大“质量”的企业，也会是未来最具可信度的企业。

为打造“质量”，企业应该执行下列 3 种策略：

（1）发展与消费者高度相关的价值主张。

（2）建立与周边生态系统互补的数字产品与服务。

（3）成为该品类的领导者。

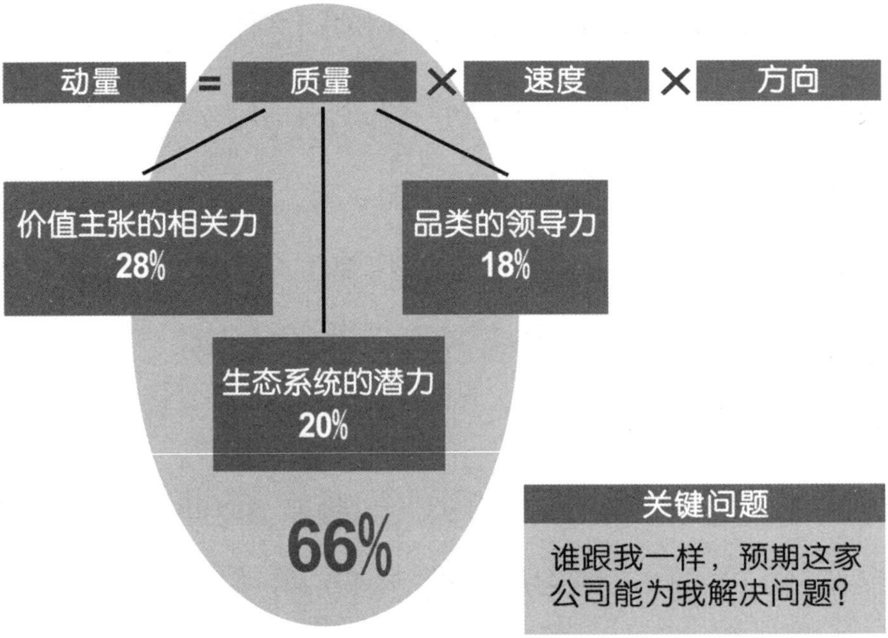

1. 价值主张的相关力——权重占总“动量”的28%

数字产品与服务能解决的问题越困难，其价值主张与消费者的相关性也就越大。最有价值的产品是针对解决致命问题而设计的，即“瞄准关键性任务”。而这条相关力之路经常落在“牺牲”与“细分”的交叉点上，高相关性产品不会试图去解决所有人的问题，而是专心致志于那些目标客户群认为重要的事，也就是关键问题的解决方案。

要发展一个具有相关力的价值主张，要做到：

（1）运用细分。对现有或预期的目标客户群进行研究，确认出两三项最接近他们需求的应用方法。接着分析这些应用方法，然后找出目标客户群企图解决的特定问题，怎么做才算是解决了他们的问题。

（2）免除对品牌“性格”不必要的担忧。品牌性格与寻求的相关性毫无关系，好好地专心致志帮顾客解决问题才是最直接的销售之道。

（3）集中焦点。随时准备放弃与解决顾客问题无直接相关的事项，没有品牌能够解决超过一个以上（最多两个）真正重要的顾客问题。营销人员有种倾向，就是企图让产品的每项特点都能解决顾客的问题，这根本就是本末倒置。聚焦就要像激光一样只解决顾客某项真正的问题，并能超凡入圣就足矣。这种“以少胜多”的方式正是可以创造最大效益的典型，只要发展出一个高相关力的价值主张，就能同时创造质量。

2. 生态系统的潜力——权重占总“动量”的20%

从生物学上说，生态系统是指某种特定环境。通常每个生态系统会由一两个物种所主宰，这项理论也适用于数字产品与服务。每项产品与服务的品类都有不同形态的公司，每家公司能提供的都只是部分解决方案。顾客多能辨认出在这个领域里哪些公司具有主导权，并能回报以投资或采购预算，所以整个生态系统越大越好。

依据特定产品与采取的企业策略，数字世界的生态系统至少可分为下列5种不同类别：

（1）专家生态系统——在这类生态系统的品类领导者设定各项技术标准，所有参与的第三方都严守这些技术规格。其他公司则开发各种公用设备、配件、延伸、外挂、工具组及迷你应用程序等，以增加产品的附加价值。这类围绕在专家生态系统并共享成长的有：Autodesk 的 AUTOCAD，Adobe 的 Acrobat 及 IBM 的 Lotus Notes。

（2）内容生态系统——这类生态系统的品类领导者提供一种商业模式，让人人都能运用这个机制销售自己的素材，第三方只扮演内容开发者。这类内容生态系统有 eBay、Intuit 的 Quicken 及 Real Networks 等。

（3）网络生态系统——这类系统品类领导者扮演的是整合者的角色，组织各家产销渠道与合作伙伴共同创造效率优势。网络生态系统通常专注于基础建设，如思科、甲骨文及 IBM。

（4）平台生态系统——平台生态系统的品类领导者设定严密的技术规格并提供各种开发工具，在这样的组合下才有可能为顾客提供“无缝”的消费体验。如英特尔、微软及索尼的 PlayStation 或 Palm 的 PDA。

（5）开源的生态系统——这类生态系统的品

类领导者鼓励免费并广泛地开放各种特定技术规则，这些技术开放者本身也对外开放更深层的开发结果。第三方拥有对外开放的权力来开发任何想发展的服务，如 Linux 与 Apache。

开发成功的生态系统和打造“动量”的方法是一样的，这些方法分别为：

（1）清楚并能证明自己的角色。不论是计划要实现某项解决方案还是打算要参与某项解决方案，决定之后就坚持不去尝试、抢占超过一个以上的角色。审慎地为公司定位，并努力成为该定位的佼佼者。

（2）鼓励品牌延伸。举办开发者论坛与合作伙伴活动，借此了解自己所运用的商业模式，以及第三方的机会在哪里。发展一种使合作伙伴能为你的顾客开发出额外产品而获利的结构。让其他人易于展现支援能力，像是共享商标，或是为他们开放营销渠道。越是如此，造就真正高品质的第三方的可能性也越高，而这些第三方也可能越认真地介入你的产品与服务。

3. 品类的领导力——权重占总“动量”的18%

品类领导力与生态系统潜力是紧密结合的盟友，这使得多数企业经营这两股力量的方式几乎相同。然而企业若想成为该品类的真正领导者，就必须符合以下3项通则：

（1）拥有最大市场占有率，通常是70%以上。

（2）享有最高规格及最具影响力的客户群。

（3）被视为市场上技术最先进的产品。

任何声称具有市场领导力的企业必定直接建立在这3项特质上。再者，动量也会流向这些能帮助其他公司赚钱的企业，还能与其他高品质企业结为企业伙伴。

想成为品类领导者，必须：

（1）是最先进产品的技术标准定义者：推出易于了解的衡量标准，让人们更容易识别产品功能的优越性，这点英特尔就做得很好。英特尔将微芯片处理能力的衡量标准由传统的 MIPS（每秒百万指令）改为 megahertz（兆赫），然后就改变芯片的设计方式，以追求时间速度的最大化，进而提供连非专家也能检测的衡量标准。

（2）搜集各种佐证领导力的数据：搜集各项量化事实与数据，证明自己宣称的品类领导力，然后就可以运用一些数据来营销、强化、扩展领导地位。像其他很多事一样，一旦能证明品类领导力是名副其实，这时认知即是一切。

（3）握有领先指标性的顾客群：每个市场都有些能影响跟随者的早期采用者，有些公司愿意为了从真正的突破中得利而忍受破坏。品类领导者通过培养、服务这一类型的公司，希望他们未来能扮演重大事件的领先指标而建造自己的动量。光有这些具有关键影响力的顾客还是不够的，品类领导者还要传播各种成功经验、个案研究及客户认可等丰功伟业。对志在成为品类领导者的人而言，口耳相传是极具威力的。

（4）拥有与企业性格、特性相符的 CEO：在大部分数字市场中，拥有与企业企图解决问题态度相当的 CEO 是非常有利的。在现今由媒体主导的商业环境中，各个 CEO 经常都是众所瞩目的焦点。如果企业 CEO 的性格与公司的价值主张一致，那么企业的动量肯定会增加。

（5）培养自有技术成为业界权威：许多品类领导者都会有个在该领域的技术权威（通常是公司创办人），以支援 CEO。如能做到，就能更进一步地强化并延续品类领导力。

二　组成要件2——速度

“速度”是指应付市场的混乱、转型及转折点，进而获取竞争优势的一贯能力。在诸多不可控制的市场情形下，具有“速度”的公司才有快速地应对各种变化的能力。为了打造并强化速度，公司必须经营一项要素，就是市场反应力。

不像其他产品市场可能数十年不变，数字市场则变化莫测。个中缘由早已众所周知，其中包括著名的“摩尔定律”，这个现象是根据英特尔创办人摩尔的一项预测——微处理器效率会以每18个月增长一倍的速度推进。结果使得消费者对数字产品与服务的功能定期提升、价格持续下滑的情况习以为常。

所以只当个数字市场快速跟随者是不够的，而是要成为能展现出带领市场转变的“动量”企业。“市场反应力”能展现企业在某种市场条件下所累积的“动量”以及未来仍能继续拥有该“质量”的能力。每项数字产品与服务都带有一份未言明的未来合约，这是源自数字产品永无终结的事实，顾客也会扪心自问：“这家供应商是否能跟得上市场的持续发展?”

企业展现的“市场反应力”可由下列3点看出：

（1）能快速对新市场机会做出反应。

（2）有市场先锋的企业理念，能精准地反映出顾客的期盼与成熟度。

（3）谨慎地承担生意风险，保持领先整体市场。

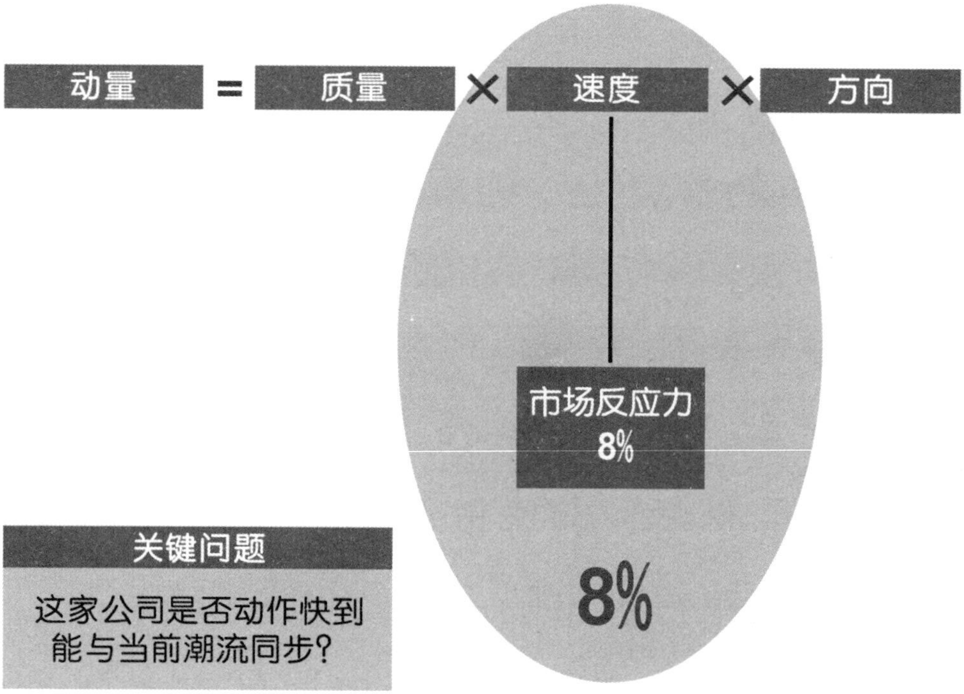

“市场反应力”以不同方式扮演企业在“质量”与“方向”间的桥梁：

1. 市场反应力与品牌整合力

1998年末，市场对以网络为学习基础的规划反应过于缓慢，令思科CEO钱伯斯苦不堪言。不过，钱伯斯也很快地认清问题所在，原来连思科本身也未能有效地运用“在线学习”（英文E-learning）。钱伯斯为改正这项缺失而创造了一种顾问服务，以协助顾客把未来的各种企业应用计划做得更好，并获得各个学习合作伙伴的支持。因此在很短的时间内，“在线学习”帮思科降低了40%～60%的培训成本，同时也减少了80%花在正式课程上的时间。自此，思科才能本着自身经验的优势，帮助其他企业实现“在线学习”的规划工作，后来创造出对思科网络设备的新一轮需求。

2. 市场反应力与生态系统潜力

Real Network是多媒体串流格式的市场领导者，尽管面对许多强劲的竞争对手，它还是打造出了一个强大的生态系统，并成功地建立起专有档案格式作为网络影音档案传送的市场标准。上述成果是CEO罗布·格拉泽运用数字营销及不断推出各种新产品与新服务达成的。Real Network网站上有整列令人印象深刻的统计数字，都是该公司产品影音媒体播放程序的下载次数，以及通过网络可播放的影音内容数量相关数据。这些都有助于巩固并确认 Real Network 的市场领导地位，从而使竞争者越来越难取得市场动量。Real Network 同时也运用身为此媒介的供应者地位，推出各种自有版权的搭配业务，如早已推出的 Realjukebox（能搜寻并储存影音档案的程序）、Goldpass（提供得到各大唱片公司音乐目录许可的订阅服务）等，这些都展现出一种强有力的市场反应力。

3. 市场反应力与品类领导力

在企业史上，大概没有任何公司比英特尔经营主要市场的步调更有效。一方面是因为摩尔定律的协同效应，另一方面也因为英特尔特别懂得如何有效地掌控各种市场认知。以任何人都能辨别的表现指标，如微处理器时钟速度（频率），即是英特尔精明经营技巧的明证。依照惯例，英特尔还会较业界提前一年发布产品路线图，以展现其市场领导力。这些活动都为英特尔带来相当可观的动量。

4. 市场反应力与愿景经营力

1999年，奎斯特通讯（全美第四大通讯公司）并购美国西方通讯时，CEO乔·纳克齐奥即展现对创造一种结合资料与语音服务新商业模式的急迫感。奎斯特通讯运用令人向往的商业通讯未来愿景攻击AT&T，打造自己的品牌动量，并纳入数个策略性伙伴与联盟，以充实愿景。两年后，当奎斯特通讯达成这个划时代事件时，市场现值增长了200%，AT&T却仍在原地踏步。

5. 市场反应力与质量

有天，斯科特·库克看到他妻子每月不辞辛劳地整理家庭账单时想到一个主意："我为何不干脆编个程序，让大家可以利用自己的个人电脑付账、追踪预算及打印支票呢?"库克的公司Intuit推出名为Quicken的程序可以准确地达成这个目的。20年后，每月有超过400万人造访Quicken网站来管理自己的财务。Quicken赋予人们一种可以自己掌控财务的感觉，减小了夫妻间的压力。在研发过程中，Intuit 提供了一个几乎没人发现的问题解决方案。Intuit 攫取的动量大得连微软都无法撼动其市场领导地位。

6. **市场反应力与价值主张的相关力**

思科财务总监拉里·卡特曾面临一个难题：网络的出现有可能改变他在公司的定位，所以他希望通过提供最新财务信息的方式，使自己从单纯的财务“守门人”变成完全参与经营决策的角色。就因心存此念，卡特才想到让思科做到在 24 小时内虚拟结账的主意。但这必须靠营销、制造、销售、人力资源及其他功能部门快速地分享信息，于是卡特为了落实虚拟结账，而进行内部的必要变革。思科也猛然发现，这是许多思科顾客有兴趣且想做到的，此时思科才开始以较全面、跨部门的观点检视自己所能提供给顾客的服务。思科因卡特的问题开发出自有的解决方案，实际上也为公司找到了一个极为可观的新市场机会。更让人兴奋的是，当思科向许多客户的部门经理人解释这项新商业概念时，他们对这项解决方案显得异常热衷。甚至有很多部门经理人准备用自己部门的预算支持这项新提议，而坚持不从公司的 IT 预算里提取，这使得思科的销售过程更容易过关。

7. 市场反应力——权重占总“动量”的 8%

运用市场反应力去打造动量：

（1）了解顾客的期望。以顾客需求为核心，编制一些里程碑并做好沟通，协助顾客了解该期盼的与该找寻的是什么。比如甲骨文节省数十亿美元的方法与英特尔利用微处理器的速度建立有意义的概念性架构方法是一样的。

（2）准备承担风险。大胆地作出积极性预测，公司过于保守是永远无法累积市场反应力或动量的。

（3）保持机动性。别让产品或服务停滞不前，把它们与研发路线图摆在一起，并与 CEO 紧密结合，让他们把研发路线图当作发布下一代产品与服务的架构。

关键思维

看来，在无法预期改变的冲击与节奏的情况下，要维持动量并在顾客心中保持独特的定位，市场反应力有助于减轻人们心中的疑虑。我们发现，具有动量的品牌可以运用市场反应力来满足每项伴随数字产品与服务而生的“未来合约”。我们也相信，在顾客加入“未来合约”的新考量时，可让品牌整合力与市场反应力互为帮衬。再者，市场反应力具有双向品质，能为依附品牌而累积的动量建立可信度。简言之，对顾客而言，市场反应力是在建立品牌关系的过程中持续感到满意的领先指标，并在延续顾客忠诚度方面扮演举足轻重的角色。

——罗恩·里奇　约翰·福克曼

市场反应力让各企业根据各种竞争机会及必须克服的劣势，创造不同的动量汇集方式。通过调整品牌整合力、愿景经营力、生态系统潜力和品类领导力，企业可以利用市场反应力作为维系顾客价值、承诺差异化的关键来源。

——罗恩·里奇　约翰·福克曼

在品牌动量模式中，我们是以市场反应力或该公司是否在未来仍能维持动量的可能性来衡量品牌速度的。企业必须不断说服数字产品的顾客，相信自身能领导市场转型的步调，而不只是跟随者或追赶现状而已。

数字产品模式越来越短的生命周期让大家不断预期，数字产品会改变，而且会变得更小、更快及更便宜。

——罗恩·里奇　约翰·福克曼

三　组成要件3——方向

“方向”是指当科技遍及各类市场后，公司对新兴市场机会的预期及执行能力。许多科技公司充分运用公司CEO的公众形象，因为大众对这些CEO的信赖有助于他们理解新科技及其对解决顾客问题的影响。

为打造方向，公司必须经营两个重大要项：

（1）品牌整合力——也就是公司要说到做到。

（2）愿景经营力——有对产业具有远见又能让人信赖的企业领导者。

直到最近，多数陈述愿景的内容主要还是针对企业内部而非外部，直到数字市场进一步演进，这些愿景的内容才开始成为产品与服务差异的来源。这恰巧与某些扮演创新者及技术专家角色的新型CEO的出现有关，这些CEO以高科技引领消费者的方式赢得媒体赞誉。

在数字产品永无终结的基本前提下，指引公司未来方向的愿景对多数消费者是非常重要的。目光远大的愿景不仅能激励企业，还能对数字产品与服务周边更广阔的生态系统注入各种协同效应。极具吸引力的愿景会激励企业的合作伙伴，与企业朝着相同的方向前进。

总而言之，企业的方向由两个要件所组成，分别是：

（1）品牌的整合力——指企业贯彻承诺与履行价值主张的能力与效果。顾客相信，拥有品牌整合力的企业能在未来协助他们解决更多的问题。

（2）愿景的经营力——明确且经过充分沟通的表现方式，说明随着科技的演进与改良，未来的数字产品与服务将何去何从。

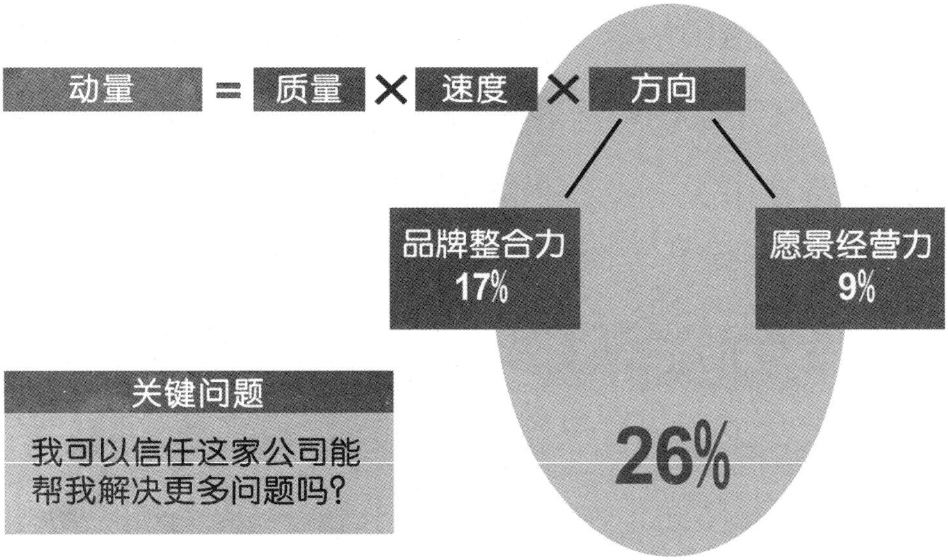

1. 品牌整合力——权重占总“动量”的17%

企业赢得顾客信任与打造品牌整合力的两项基本方法：

（1）行动，尤其是在产生错误时。当产品与服务发生问题时，企业所采取的行动更能凸显该公司在未来是否仍能受人信赖。偶尔一次的问题大家是可以接受的，尤其是对于各种尖端产品。如果企业能全体上下一心、真诚地遵守承诺，尽其所能地致力于解决顾客介意的事，顾客自然会相信这家企业，未来也能继续获得相同的支持。相反，如果企业让顾客自生自灭，那么顾客也会铭记在心的。

（2）采用并应用各种新兴科技。顾客会寻找那种“会吃自家狗食”的企业。也就是说，这家企业会使用自己企图卖给别人的数字产品或服务吗？如果是，那么顾客就会觉得这家公司值得信赖；如果答案是否定的，那么多数顾客就会对此企业有所质疑。

事实上，品牌整合力对数字公司拥有的动量数量具有明显影响力。想打造并增强品牌整合力，必须做到下列3项：

（1）传播企业的价值体系。顾客的认知会因每次与企业在生意上的互动而强化或削弱。如果能将公司的价值观根植于企业内外的各项操作系统，顾客就会获得一致的信息。企业必须发展、运用用来衡量成功的检测标准，同时协助顾客了解这些标准。然而，其中最重要的是要利用每次机会传播各种价值观。随着网络的运用，只要有一星期没和顾客、员工及合作伙伴接触，那就是不应该的。

（2）鼓励各种口耳相传的宣传。顾客每次与企业接触的愉快经验都能提升品牌整合力。要为顾客创造各种彼此分享愉快经验的机会，包括赞助网上新闻群组或是使用者论坛。这对任何新一代产品在上市过程中必然出现的各种升级问题而言，更显得重要。

（3）若犯错，就该认错。若真的搞砸一桩新创生意，企业就该公开地坦承错误，然后努力把事情做对。如果处理得直接了当且充满诚意，顾客会因此产生敬意。具有新闻价值的并非这个错误，而是事后处理方式。这类事情若处理得好，能让企业赢得真心赞赏，同时打造品牌整合力。

2. 愿景经营力——权重占总“动量”的9％

“创意市场时代”到处都有让CEO说明愿景的机会，像各种业界活动、试卖会、顾客研讨会、投资说明会、媒体专访等。坦白而言，光有位性格独特的 CEO 并不会自动带来动量，而是当这位 CEO 能有效地运用各种论坛，传递令大众激赏的未来愿景时才能制造出动量。

拥有能言善辩的 CEO 固然重要，但真正的重点在于解决的问题本身是否意义重大。如果企业的产品与服务是专心致志于某些重大问题，那么就能提高愿景经营力的层次。同理，某数字产品周边的生态系统越大，这个愿景本身具备的影响力就越大。在重要产业中扮演主角的企业，当然要比被边缘化的配角有机会获取更多动量。

就像流行时尚，顾客期盼具有动量的品牌领导者能说明一些他们还不知道的事。也就是说，顾客期望在“如何以新方式来解决老问题”上得到一些想法。他们寻求各种“观念上的革新”，以最便捷的方式了解新兴数字科技，及其将对商业造成何种冲击，以及还有哪些策略、创意或商业模式能利用这些新兴科技。简言之，愿景的经营力就等同于思想的领导力。

通过愿景经营力打造动量的方式有：

（1）谨慎定位及营销企业的 CEO。最具影响力的 CEO 通常会把自己的谈论主题集中在“新科技将造成何种冲击”，如：

◎未来会被广泛使用的各种商业程序。

◎未来能赚钱的各种商业模式。

◎顾客要如何使用各种新科技。

将此铭记于心，鼓励企业 CEO 始终如一地专注在其中的某项领域。开发一套能持续到未来的规则，然后收集已被市场确认的实证。并让 CEO 在充分的时间内，培养在业界的独特风格，之后才将他推向大众市场。

（2）同时，CEO 要谦虚。避免过于花哨，让 CEO 的言行专注于企业的产品与服务。CEO 个人的荣耀都应视为过程中的副产品，而非努力的目标。如果你不断地使用自己的产品与服务来包装企业愿景，那么 CEO 的所作所为应该是展现企业价值主张与各种动量的来源。别让企业CEO自命不凡，企业的产品与服务才应该是真正的明星。

（3）扩大CEO效应。CEO要特别擅长通过公开演讲、个案研讨、著书立说及研究报告来提供思想领导力。让企业CEO专注于这些领域，然后将这些素材的电子复印件四处发送，这样CEO努力的成果才能事半功倍。

关键思维

信任是努力争取来的，而且向来如此，事实证明这也适用于数字化的产品与服务。对品牌的信任程度是赢得顾客后维系顾客忠诚度的唯一要素，特别是在数字产品模式下，数字产品与服务的购买行为永无终结时，更是如此。

——罗恩·里奇　约翰·福克曼

如果要以单一要素表达数字市场特征，那就是围绕该产品品类不断转动的感觉。产品看起来永远不会朝向任何一个绝对方向移动超过四五年，而且不只是技术性进展的步调，各种价值点快速演进并带动成群的企业与创投资金进入市场，也将产生这种围绕数字市场转动的感觉，从而获得一种动能。数字市场的运作看起来就像是一座风洞，在风速持续增加的同时，各种飘扬其中的物件会入侵风洞并重新调整风洞存在的条件。每个数字市场会有某些特定公司，它们运用产品策略、品牌及特别的市场价值链组成一个独特结构，在顾客心中形成各种势不可挡的力量，这就是动量。（编者注：风洞为一种可控制气流的设备，是用来研究飞机和其他物体在空中运动时的效应或气流阻力的模型。）

——罗恩·里奇　约翰·福克曼